GOMMAIRE J. VAN DEN BROECK, O. PRAEM.

OÙ EN EST LA LÉGISLATION CANONIQUE AUJOURD'HUI ?

La législation canonique concernant les sacrements
Canons 731-910; 937-1011

ROME 1976

Pro Manuscripto

Scuola Tipografica Missionaria Domenicana
S. Sisto Vecchio, P.le Numa Pompilio, 4 - 00184 Roma

TABLE DES MATIÈRES

PRÉFACE

Ce livre voudrait répondre à la question: « Où en est la législation canonique aujourd'hui? » et tout spécialement celle concernant les sacrements, à l'exception toutefois du sacrement de mariage et du chapitre des indulgences, dont la matière juridique exigerait une étude tout à fait particulière.

Nous avons fait déjà une étude semblable, pour présenter la législation canonique actuelle des instituts religieux. Et cette étude nous a été demandée par des personnes beaucoup plus nombreuses que nous ne pensions, qui s'intéressent, semble-t-il, aux lois de l'Église d'aujourd'hui. Cela a été pour nous une invitation stimulante à mettre à leur disposition, « pro manuscripto », la présente étude concernant les sacrements. Ceux-ci constituent une matière beaucoup plus vaste, et leur législation canonique n'a pas subi moins de changements, depuis le Concile, que celle des instituts religieux.

Nous suivons ici la même méthode que celle employée pour notre étude canonique concernant les instituts religieux. Lorsqu'un canon, ou le paragraphe d'un canon du Code de 1917 a subi des changements depuis le Concile Vatican II, il est reproduit dans la colonne de gauche selon son texte original et, dans la colonne de droite, nous proposons un texte corrigé ou complété selon la législation actuellement en vigueur. Les canons ou les paragraphes qui n'ont pas subi de changement sont transcrits tels quels dans leur traduction française. Si une partie du canon est omise, cette omission est indiquée par le signe: (...); si un canon est corrigé, la correction est écrite en lettres italiques; si un texte nouveau est introduit, il est écrit en caractères gras. Il est évident que ce nouveau texte n'a aucune valeur officielle, puisqu'il provient d'un auteur privé et est certainement incomplet.

Comme dans le volume présentant la législation actuelle des religieux, chaque canon est suivi d'une note explicative qui justifie le maintien intégral du texte du Code de droit canonique, sa correction, son omission ou son supplément, et qui indique également la source d'où provient la changement éventuel introduit dans le texte. En note figure une bibliographie récente de quelques livres et surtout d'articles qui traitent le même sujet (*) et qui signalent des sources pour une étude plus approfondie.

Le présent travail ne prétend en aucune manière faire un examen complet du sujet traité dans chaque canon cité du Code de droit canonique, ni envisager autre chose que la stricte législation canonique. Mais il veut fournir un texte concret et concis exprimant le moins mal possible la législation canonique d'aujourd'hui.

Nous prenons comme texte de base des anciens canons la traduction française du « Traité de droit canonique » de R. Naz (**) et, comme texte de base des corrections ou suppléments, la traduction française des textes pontificaux concernés parue dans « La Documentation catholique » (***).

Nous tenons à remercier tout spécialement les Pères J. Arragain et B. Duchesne, de la Congrégation de Jésus et Marie (Eudistes), qui ont bien voulu revoir le texte de cette étude, surtout au point de vue linguistique.

(*) Les références sont extraites de la publication « Canon Law Abstracts » de Mgr Barry, St. Andrews College, Drygang, Melrose, Scotland.

(**) Tome I, publié à Paris, 1947.

(***) La Documentation catholique, Bayard-Presse, 5, rue Bayard, 75380 CEDEX Paris 08.

DES SACREMENTS

Can. 731

Texte du Code de droit can.

§ 1. - Comme tous les Sacrements de la Nouvelle Loi, institués par le Christ Notre-Seigneur, sont les moyens principaux de sanctification et de salut, on doit les administrer et les recevoir en temps opportun et d'une manière régulière avec le plus grand soin et le plus grand respect.

§ 2. - Il est défendu d'administrer les Sacrements de l'Église aux hérétiques et schismatiques, même s'ils sont dans la bonne foi et les demandent, avant qu'ils aient renoncé à leurs erreurs et se soient réconciliés avec l'Église.

Nouveau texte.

Cependant, on peut conférer aux Orientaux qui en toute bonne foi sont séparés de l'Église catholique, les sacrements de pénitence, de l'Eucharistie et de l'onction des malades, s'ils les demandent d'eux-mêmes et sont bien disposés; de plus, il est permis également aux catholiques de demander ces mêmes sacrements aux ministres non catholiques dans l'Église desquels les sacrements sont valides, chaque fois que la nécessité ou une véritable utilité spirituelle le conseillent et qu'il est physiquement ou moralement impossible de s'adresser au prêtre catholique.

NOTE EXPLICATIVE: Plusieurs documents conciliaires traitent des sacrements en général. Les plus importants sont:

— La Constitution « Sacrosanctum Concilium », nn. 7, 59;
— Le Décret « Orientalium Ecclesiarum », n. 26;
— Le Décret « Optatam totius », n. 19;
— Le Décret « Apostolicam actuositatem », nn. 6, 17;
— Le Décret « Presbyterorum Ordinis », n. 5.

Le nouveau texte ajouté provient du Décret conciliaire « Orientalium Ecclesiarum » n. 27. On tiendra compte aussi de la réponse donnée par la S. Congregation du S. Office le 15 novembre 1941 [1].

Can. 732.

Texte du Code de droit can.

§ 1. - Les Sacrements du baptême, de la confirmation et de l'ordre, qui impriment un caractère, ne peuvent pas être réitérés.

§ 2. - Cependant, si on doute sérieusement du fait de leur administration antérieure ou de leur validité, on doit les administrer de nouveau sous condition.

Nouveau texte.

Si, après avoir fait une investigation sérieuse sur le baptême dûment conféré, il est nécessaire, à cause d'un doute prudent, de conférer de nouveau le baptême sous condition: tenant compte de la doctrine selon laquelle le baptême est unique, a) il est nécessaire que le ministre explique et les raisons pour lesquelles, dans ce cas, on confère le baptême sous condition, et la signification de ce rite du baptême conféré sous condition; b) et qu'il le confère en forme privée. La validité des baptêmes conférés chez les chrétiens orientaux séparés n'est pas à mettre en doute.

NOTE EXPLICATIVE: Le nouveau texte ajouté au présent canon 732 provient du Directoire du secrétariat pour l'Union des chrétiens « Ad totam Ecclesiam » du 14 mai 1967, nn. 12, 15 [2].

Can. 733.

Texte du Code de droit can.

§ 1. - Dans la production, l'administration et la réception des Sacrements, il faut observer avec soin les rites et les cérémonies qui sont prescrits dans les rituels approuvés par l'Eglise.

§ 2. - Chacun cependant doit suivre son propre rite, sans préjudice des canons 851, § 2, 866.

Nouveau texte.

Chaque fois que les rites, selon la nature propre de chacun, comportent une célébration commune avec fréquentation et participation active des fidèles, on soulignera que celle-ci, dans la mesure du possible, doit l'emporter sur leur célébration individuelle et quasi privée.

NOTE EXPLICATIVE: Le texte ajouté au présent canon 733 provient de la Constitution conciliaire « Sacrosanctum Concilium » n. 27. Les récentes éditions du Pontifical ou du rituel romains sont:

— « Ordo baptismi parvulorum », Vatican, 1973;

— « Ordo Confirmationis », Vatican, 1973;

— « De sacra communione et de cultu mysterii eucharistici extra Missam », Vatican, 1973;

— « Ordo Paenitentiae », Vatican, 1974;

— « De Institutione Lectorum et Acolythorum, de Admissione inter Candidatos ad Diaconatum et Presbyteratum, de sacro Caelibatu amplectendo », Vatican, 1972;

— « Ordo unctionis infirmorum eorumque pastoralis curae », Vatican, 1972 [3].

Can. 734.

Texte du Code de droit can.

§ 1. - Les saintes huiles, qui servent à l'administration de certains Sacrements, doivent avoir été bénites par l'évêque le jeudi saint de l'année courante; on ne doit en employer de plus anciennes que dans le cas de nécessité.

§ 2. - Quand on prévoit que l'huile bénite va manquer, on doit ajouter d'autre huile d'olive non-bénite, mais en moindre quantité et l'addition peut être renouvelée.

NOTE EXPLICATIVE: Le présent canon 734 n'a subi aucun changement depuis le Concile Vatican II. On doit tenir compte du Décret de la S. Congrégation pour les évêques « Romani Pontificis » concernant les facultés données pour l'Amérique Latine et les îles Philippines, du 6 décembre 1969, n. 4. L'« Ordo benedicendi oleum catechumenorum et infirmorum et conficiendi chrisma » fut publié le 3 décembre 1970.

Can. 735.

Texte du Code de droit can.

Le curé doit demander les saintes huiles à son Ordinaire et les conserver avec soin dans l'église en un lieu sûr et décent et sous clef; il ne peut pas les garder à la maison, sauf pour une raison de nécessité ou pour tout autre motif raisonnable et avec la permission de l'Ordinaire.

NOTE EXPLICATIVE: Le présent canon 735 n'a subi aucun changement depuis le Concile Vatican II.

Can. 736.

Texte du Code de droit can.

Pour l'administration des sacrements, le ministre ne peut rien exiger ou demander, ni directement ni indirectement pour aucun motif ou occasion, à l'exception des offrandes prévues par le can. 1507, § 1.

NOTE EXPLICATIVE: Le présent canon 736 n'a subi aucun changement depuis le Concile Vatican II.

DU BAPTÊME

Can. 737.

Texte du Code de droit can.

§ 1. - Le baptême, qui est la porte et le fondement des Sacrements, est nécessaire en réalité ou au moins en désir pour le salut. Pour être administré validement, il faut l'ablution avec de l'eau vraie et naturelle accompagnée des paroles prescrites de la forme.

Texte du Code de droit can.	*Nouveau texte.*
§ 2. - S'il est administré avec tous les rites et toutes les cérémonies que prescrivent les rituels on l'appelle « solennel », sinon on l'appelle « non-solennel » ou « privé ».	§ 2. - (. . .)

NOTE EXPLICATIVE: La vérité fondamentale énoncée au § 1 du present canon 737 fut soulignée dans les documents conciliaires. Ainsi:

— la Constitution « Lumen Gentium », n. 11;
— la Constitution « Sacrosanctum Concilium », n. 6;
— le Décret « Unitatis reintegratio », n. 3;
— le Directoire « Ad totam Ecclesiam » publié par le Secrétariat pour l'Union des Chrétiens, le 14 mai 1967, nn. 9, 10.

Quant au § 2 du présent canon, il faut tenir compte des facultés données aux Conférences épiscopales d'introduire d'autres cérémonies ou de compléter celles prescrites par le Rituel romain. L'« Ordo baptismi parvulorum », publié en 1973, les mentionne dans les « Praenotanda generalia » nn. 30-35, et les Praenotanda nn. 23-26. La distinction faite dans le § 2 du présent canon a perdu sa valeur, bien qu'aucun document officiel ne note sa suppression [4].

Du ministre du baptême.

Can. 738.

Texte du Code de droit can.	*Nouveau texte.*
§ 1. - Le ministre ordinaire du baptême solennel est le prêtre; mais sa collation est réservée au curé, ou à un autre prêtre qui a reçu la permission du même curé ou de l'Ordinaire du lieu; cette permission est légitimement présumée dans le cas de nécessité.	§ 1. - *Les ministres ordinaires du baptême sont les évêques, les prêtres et les diacres*; mais sa collation est réservée au curé, ou à un autre prêtre *ou diacre* qui a reçu la permission du même curé ou de l'Ordinaire du lieu; cette permission est légitimement présumée dans les cas de nécessité.
§ 2. - Même un étranger de passage doit être baptisé solennellement par son propre curé dans sa paroisse, si cela peut se faire facilement et sans retard; sinon tout curé peut baptiser solennellement un étranger de passage sur le territoire de la paroisse qu'il gouverne.	§ 2. - Même un étranger de passage doit être baptisé (...) par son propre curé dans sa paroisse, si cela peut se faire facilement et sans retard; sinon tout curé peut baptiser (...) un étranger de passage sur le territoire de la paroisse qu'il gouverne.

NOTE EXPLICATIVE: Le changement introduit dans le § 1 du présent canon 738 provient des « Praenotanda generalia » de l'« Ordo Baptismi parvulorum », publié en 1973, n. 11. Les omissions dans le § 2 sont une conséquence de la suppression de la distinction entre la notion du baptême solennel et la notion du baptême privé [5].

Can. 739.

Texte du Code de droit can.	*Nouveau texte.*
Nul ne peut administrer le baptême solennel en territoire	Nul ne peut administrer le baptême (...) en territoire

Texte du Code de droit can.	Nouveau texte.
étranger sans une permission requise, même si la personne est par son domicile soumise à la juridiction du ministre.	étranger, sans une permission requise, même si la personne est par son domicile soumise à la juridiction du ministre.

NOTE EXPLICATIVE: Le changement introduit dans le présent canon 739 est imposé par la suppression de la distinction entre la notion du baptême solennel et la notion du baptême privé.

Can. 740.

Texte du Code de droit can.	*Nouveau texte.*
Si les paroisses ou quasi-paroisses ne sont pas encore établies, on tient compte des statuts particuliers et des coutumes reçues, pour déterminer le prêtre qui, outre l'Ordinaire, a le droit de baptiser dans tout le territoire ou dans une de ses parties.	Si les paroisses ou quasi-paroisses ne sont pas encore établies, on tient compte des statuts particuliers et des coutumes reçues, pour déterminer le prêtre *ou le diacre* qui, outre l'Ordinaire, a le droit de baptiser dans tout le territoire ou dans une de ses parties.

NOTE EXPLICATIVE: Les mots ajoutés dans le présent canon 740 s'imposent à cause du fait que le diacre est devenu le ministre ordinaire du baptême selon ce qui est dit au canon 738, § 1.

Can. 741.

Texte du Code de droit can.	*Nouveau texte.*
Le ministre extraordinaire du baptême solennel est le diacre; qui cependant ne peut user de son pouvoir qu'avec la permission de l'Ordinaire du lieu ou du curé, permission qui ne peut être donnée que s'il y a une juste cause et qui est légi-	Le ministre extraordinaire du baptême (...) est *le religieux laïc ou la religieuse pourvus d'un indult apostolique*; qui cependant ne peuvent user de leur pouvoir qu'avec la permission de l'Ordinaire du lieu ou du curé, permission qui ne

timement présumée en cas de nécessité.

peut être donnée que s'il y a une juste cause et qui est légitimement présumée en cas de nécessité. *Ils administrent le baptême selon le rite à employer par les catéchistes.*

Note explicative: Les changements introduits dans le présent canon 741 proviennent du fait que le diacre est devenu le ministre ordinaire du baptême, et de ce qu'une lettre du 12 octobre 1970 de la S. Congrégation pour les Religieux et les Instituts séculiers communique la concession d'indults à donner par la S. Congrégation pour la discipline des Sacrements. Dans cette lettre, sont énumérées les conditions requises pour la concession de tels indults. Le rite du baptême à employer par les catéchistes est publié par la S. Congrégation pour le Culte divin, le 15 mai 1969, dans l'« Ordo baptismi parvulorum » [6].

Can. 742.

Texte du Code de droit can.

§ 1. - Le baptême non-solennel dont il s'agit dans le can. 759, § 1, peut être administré par tout individu, à condition que la matière, la forme et l'intention requises soient assurées; s'il se peut, on baptisera en présence de deux témoins ou au moins d'un témoin, dont l'attestation permettra de prouver que le baptême a été conféré.

Nouveau texte.

§ 1. - (...) **Dans l'absence d'un prêtre ou d'un diacre, en cas de danger imminent, et, surtout à l'article de la mort, tout fidèle, même tout individu pourvu de l'intention requise, peut, et même parfois doit, administrer le baptême. S'il s'agit du simple péril de mort, le sacrement sera administré, autant que possible, par un fidèle et selon le rituel abrégé. Il convient cependant, même dans ce cas, qu'on réunisse une petite communauté, ou au moins qu'on ait, autant que possible, un ou deux témoins.**

§ 2. - S'il y a cependant un prêtre présent, il est préféré à un diacre, un diacre à un sous-diacre, un clerc à un laïque, et un homme à une femme, à moins que la pudeur ne demande pas que le baptême soit administré par une femme plutôt que par un homme, ou bien si la femme connaît mieux la forme et le mode de baptiser.

§ 2. - S'il y a cependant *un ministre ordinaire* présent, il est préféré à *un ministre extraordinaire, un ministre extraordinaire* à un laïque, et un homme à une femme, à moins que la pudeur ne demande pas que le baptême soit administré par une femme plutôt que par un homme, ou bien si la femme connaît mieux la forme et le mode de baptiser.

Texte du Code de droit can.

§ 3. - Un enfant ne doit pas être baptisé par son père ou par sa mère, si ce n'est en cas de danger de mort, et qu'il n'y ait aucune autre personne présente qui puisse baptiser.

NOTE EXPLICATIVE: Le nouveau texte du § 1 provient des « Praenotanda generalia » n. 16 de l'« Ordo baptismi parvulorum » publié en 1973, qui remplace intégralement l'ancien texte du présent can. 742, § 1. Les changements introduits au § 2 du présent canon proviennent du fait que le ministre ordinaire est le prêtre et le diacre et que le ministre extraordinaire est celui qui est indiqué aux changements introduits dans le canon 741 [7].

Can. 743.

Texte du Code de droit can.

Le curé doit prendre soin que les fidèles, surtout les sages-femmes, les médecins et les chirurgiens, apprennent la façon correcte de baptiser pour le cas de nécessité.

NOTE EXPLICATIVE: Le présent canon 743 n'a subi aucun changement depuis le Concile Vatican II. L'« Ordo baptismi parvulorum » publié en 1973 donne dans les « Praenotanda generalia » au n. 17 un texte plus étendu du présent canon.

Can. 744.

Texte du Code de droit can.

Le baptême des adultes doit être signalé à l'Ordinaire du lieu, si on peut le faire facilement, afin que, s'il le veut, il puisse l'administrer plus solennellement par lui-même ou par l'un de ses délégués.

NOTE EXPLICATIVE: Le présent canon 744 n'a subi aucun changement depuis le Concile Vatican II. Il faut cependant tenir compte de l'« Ordo initiationis christianae adultorum » publié en 1972 qui prescrit les conditions et les rites selon lesquels un adulte doit être initié à la vie chrétienne et sacramentelle [8].

Du sujet du baptême.

Can. 745.

Texte du Code de droit can.

§ 1. - Tout être humain vivant et non encore baptisé constitue le sujet capable de recevoir le baptême.

Texte du Code de droit can.

§ 2. - Lorsqu'il s'agit du baptême:

1° on entend sous le nom d'enfants selon la norme du can. 88, § 3, ceux qui n'ont pas encore l'usage de la raison et ceux qui sont privés de la raison depuis leur enfance, peu importe leur âge.

2° Sont censés adultes ceux qui jouissent de l'usage de la raison; et il suffit que chacun demande le baptême de son propre mouvement et qu'il soit admis à le recevoir.

Nouveau texte.

§ 2. - Lorsqu'il s'agit du baptême:

1° on entend sous le nom d'enfants *ceux qui ne sont pas encore parvenus à l'âge de discrétion et ne peuvent pas professer leur propre foi; leur sont assimilés* ceux qui sont privés de la raison depuis leur enfance, peu importe leur âge.

2° Sont censés adultes ceux qui jouissent de l'usage de la raison; et il suffit que chacun demande le baptême de son propre mouvement et qu'il soit admis à le recevoir.

Note epxlicative: Les changements introduits dans le § 2 du présent canon 745 proviennent du n. 1 des « Praenotanda » de l'« Ordo baptismi parvulorum » publié en 1973 [9].

Can. 746.

Texte du Code de droit can.

§ 1. - Nul ne doit être baptisé dans le sein fermé de sa mère, tant que demeure l'espoir, qu'il puisse être baptisé après l'heureuse naissance.

§ 2. - Si l'enfant a sorti la tête; et ensuite s'il est né vivant, on ne renouvellera pas le baptême sous condition.

§ 3. - S'il a sorti un autre membre et s'il y a danger de mort imminent, il sera baptisé sous condition sur ce membre; mais alors, s'il est né vivant, on renouvellera le baptême sous condition.

§ 4. - Si une mère enceinte est décédée, le « foetus », retiré par ceux à qui cela revient, s'il est certainement en vie, sera baptisé sans condition; si la vie est douteuse, sous condition.

§ 5. - Le « foetus », baptisé dans le sein de la mère, doit être de nouveau baptisé sous condition après sa naissance.

Note explicative: Le prsent canon 746 n'a subi aucun changement depuis le Concile Vatican II.

Can. 747.

Texte du Code de droit can.

Il faut veiller à ce que tous les foetus avortés, quelle que soit l'époque de leur venue avant terme, soient baptisés sans condition, s'il est certain qu'ils sont vivants; de façon conditionnelle, si leur vie est douteuse.

Note explicative: Le présent canon 747 n'a subi aucun changement depuis le Concile Vatican II [10].

Can. 748.

Texte du Code de droit can.

On doit toujours baptiser les monstres et les êtres bizarres au moins sous condition; s'il y a lieu de douter de l'unité ou de la pluralité des sujets, on baptisera l'un d'une manière absolue et les autres sous condition.

NOTE EXPLICATIVE: Le présent canon 748 n'a subi aucun changement depuis le Concile Vatican II.

Can. 749.

Texte du Code de droit can.

Les enfants exposés et trouvés doivent être baptisés sous condition, à l'exception du cas où, après une sérieuse enquête, on acquiert la certitude de leur baptême.

NOTE EXPLICATIVE: Le présent canon 749 n'a subi aucun changement depuis le Concile Vatican II [11].

Can. 750.

Texte du Code de droit can.

§ 1. - On baptise licitement l'enfant des infidèles, même contre le gré de ses parents, lorsque, en raison de l'état de sa santé, on prévoit prudemment qu'il mourra avant d'avoir l'usage de la raison.

§ 2. - En dehors du péril de mort, pourvu que l'éducation catholique soit assurée, on baptise licitement:

1° si les parents ou les tuteurs, ou au moins l'un d'entre eux, donnent le consentement;

2° si les parents, c'est-à-dire le père, la mère, le grand-père, la grand-mère, ou les tuteurs, n'existent plus, ou s'ils ont perdu leur droit sur l'enfant ou ne peuvent plus l'exercer en aucune manière.

NOTE EXPLICATIVE: Le présent canon 750 n'a subi aucun changement depuis le Concile Vatican II [12].

Can. 751.

Texte du Code de droit can.

Les règles du précédent canon seront généralement observées pour le baptême des enfants de deux hérétiques ou schismatiques, ou de deux catholiques qui sont tombés dans l'apostasie, dans l'hérésie ou dans le schisme.

NOTE EXPLICATIVE: Aucun changement a été apporté au présent canon 751 depuis le Concile Vatican II [13].

Can. 752.

Texte du Code de droit can.	*Nouveau texte.*
§ 1. - Pour qu'un adulte puisse être baptisé, il faut qu'il le sache et qu'il le veuille, et qu'il soit convenablement instruit; de plus, il doit être exhorté à se repentir de ses péchés.	§ 1. - Pour qu'un adulte puisse être baptisé, il faut qu'il le sache et qu'il le veuille, et qu'il soit convenablement instruit **selon le rituel de l'initiation chrétienne des adultes**; de plus, il doit être exhorté à se repentir de ses péchés.
§ 2. - S'il est en péril de mort et ne peut être instruit avec soin des principaux mystères de la foi, il suffit, pour qu'on lui confère le baptême, qu'il donne de quelque façon son adhésion et qu'il promette sérieusement d'observer les préceptes de la religion chrétienne.	§ 2. - S'il est en péril de mort et ne peut être instruit avec soin des principaux mystères de la foi, il suffit, pour qu'on lui confère le baptême, qu'il donne de quelque façon son adhésion et qu'il promette sérieusement *de suivre toutes les étapes de l'initiation qui lui convient, quand il aura récupéré la santé.*

Texte du Code de droit can.

§ 3. - S'il ne peut même pas demander le baptême, pourvu que dans sa vie passée, ou dans son état présent, il ait manifesté, au moins de quelque manière probable, l'intention d'être baptisé, on lui administrera le baptême sous condition; s'il recouvre ensuite la santé et si le doute sur la valeur de son baptême persiste, on le baptisera de nouveau sous condition.

NOTE EXPLICATIVE: Le texte ajouté au § 1 du présent canon 752 tient compte de l'« Ordo initiationis christianae adultorum » publié le 6 janvier 1972. Le texte changé au § 2 du même canon provient du n. 279 du même « Ordo » [14].

Can. 753.

Texte du Code de droit can.

§ 1. - Il convient que l'adulte, qui doit être baptisé, s'il est en bonne santé, ainsi que le prêtre, qui doit administrer le baptême, soient à jeun.

§ 2. - A moins de raisons graves et urgentes, qui s'y opposeraient, l'adulte baptisé doit assister à la Messe et recevoir la sainte communion.

Nouveau texte.

§ 1. - Il convient que l'adulte, qui doit être baptisé, s'il est en bonne santé, ainsi que le *ministre,* qui doit administrer le baptême, soient à jeun.

§ 2. - A moins de raisons graves et urgentes, qui s'y opposeraient, l'adulte, aussitôt baptisé et *étant omise l'onction après le baptême, recevra la confirmation; qui peut être conférée aussi à un apostat de la Foi non encore confirmé; ensuite, aura lieu la célébration eucharistique, à laquelle le néophyte prendra part ce jour-là pour la première fois et de plein droit, et recevra la sainte communion.*

NOTE EXPLICATIVE: Le changement introduit dans le § 1 du présent canon 753 provient du fait que le diacre également est devenu ministre ordinaire du baptême. Le changement introduit dans le § 2 provient de l'« Ordo initiationis christianae adultorum » publié en 1972, nn. 35, 36. Commission pontificale pour interpréter les décrets du Concile Vatican II, réponse du 15 avril 1975.

Can. 754.

Texte du Code de droit can.

§ 1. - Les déments et furieux ne seront pas baptisés, à moins qu'ils ne soient tels depuis leur naissance ou avant d'avoir acquis l'usage de la raison; alors, on les baptisera comme des enfants.

§ 2. - S'ils ont cependant des intervalles lucides, dans les moments où ils ont l'usage de leurs facultés, on les baptisera, s'ils le désirent.

§ 3. - On les baptisera également en cas de danger de mort immédiat si, avant de perdre l'usage de la raison, ils ont manifesté le désir de recevoir le baptême.

§ 4. - Celui qui se trouve en état de léthargie ou de frénésie sera baptisé quand il sera dans l'état de veille et qu'il le veuille; mais s'il est en danger de mort on suivra la norme du § 3.

NOTE EXPLICATIVE: Le présent can. 754 n'a subi aucun changement depuis le Concile Vatican II.

Des rites et des cérémonies du baptéme

Can. 755.

Texte du Code de droit can.

§ 1. - Le baptême doit être administré d'une manière solennelle sans préjudice de la norme du can. 759.

Nouveau texte.

Pour tous les nouveaux-nés, autant que possible, le baptême sera célébré en commun le même jour; mais, dans une même église, le sacrement ne sera pas célébré deux fois le même jour, si ce n'est pour un juste motif.

Texte du Code de droit can.

§ 2. - L'Ordinaire du lieu peut, pour un motif raisonnable et grave, permettre que, dans les baptêmes d'adultes, on suive les cérémonies qui sont prescrites pour le baptême des enfants.

NOTE EXPLICATIVE: Le nouveau texte ajouté au présent can. 755 provient de l'« Ordo baptismi parvulorum » publié en 1973, « Praenotanda generalia », n. 27 [15].

Can. 756.

Texte du Code de droit can.

§ 1. - On doit baptiser les enfants dans le rite de leurs parents.

§ 2. - Si l'un des parents appartient au rite latin et l'autre au rite oriental, on baptisera l'enfant dans le rite du père; cependant, on tiendra compte du droit particulier.

§ 3. - Si un seul des parents est catholique, c'est dans son rite que l'enfant devra être baptisé.

NOTE EXPLICATIVE: Le présent canon 756 n'a subi aucun changement depuis le Concile Vatican II [16].

Can. 757.

Texte du Code de droit can.	*Nouveau texte.*
§ 1. - Dans le baptême solennel on doit employer l'eau spécialement bénite dans ce but.	§ 1. - Dans le baptême (...) on doit employer l'eau spécialement bénite dans ce but.

Texte du Code de droit can.

§ 2. - Si l'eau bénite qui se trouve dans le baptistère n'est plus en quantité suffisante, on y mêlera de l'eau non bénite, mais en moins grande quantité, même à plusieurs reprises.

§ 3. - Si l'eau s'est corrompue ou s'est écoulée ou fait défaut pour toute autre raison, le curé versera dans les fonts baptismaux, préalablement nettoyés et bien lavés, de l'eau fraîchement puisée, et la bénira selon le rite propre prescrit dans les livres liturgiques dont il doit faire usage.

Nouveau texte.

Il est souhaitable cependant que, en dehors du temps pascal, on bénisse l'eau à l'occasion de chaque célébration.

Si le baptistère est construit de façon que l'eau coule de source, on bénira la source d'où elle coule.

NOTE EXPLICATIVE: L'omission au § 1 du présent can. 757 provient du fait que la distinction entre le baptême solennel et le baptême privé est supprimée. Le texte ajouté au présent canon provient des « Praenotanda generalia » de l'« Ordo baptismi parvulorum » publié en 1973, n. 21 [17].

Can. 758.

Texte du Code de droit can.

Le baptême peut être administré validement par infusion, par immersion ou par aspersion, mais on s'en tiendra à la première ou à la seconde manière, ou à un mélange des deux selon l'usage le plus fréquent, en conformité avec les rituels approuvés des diverses Églises.

Nouveau texte.

Aussi bien le rite par immersion, qui indique davantage la participation à la mort et à la résurrection du Christ, que le rite par infusion, peuvent être employés de droit.

NOTE EXPLICATIVE: Le changement du texte du présent canon 758 provient des « Praenotanda generalia » de l'« Ordo Baptismi parvulorum » publié en 1973, n. 22.

Can. 759.

Texte du Code de droit can.

§ 1. - Il est permis d'administrer le baptême privément dans le cas de péril de mort; et si le ministre n'est ni prêtre ni diacre il observera seulement ce qui est nécessaire pour la validité du baptême; s'il est prêtre ou diacre il doit en outre, s'il en a le temps, observer les cérémonies qui suivent le baptême.

§ 2. - L'Ordinaire du lieu ne peut pas permettre que le baptême soit administré privément en dehors du danger de mort; il n'y a d'exception que pour les

Nouveau texte.

§ 1. - *En l'absence d'un prêtre ou d'un diacre, en cas de danger de mort imminent, et surtout à l'article de la mort, tout fidèle, et même toute personne humaine ayant l'intention requise, peut, et même parfois doit, administrer le baptême.*

S'il y a seulement danger de mort, le sacrement sera administré autant que possible par un fidèle et selon le rite abrégé.

§ 2. - L'Ordinaire du lieu ne peut pas permettre que le baptême soit administré *sans les solennités prescrites,* en dehors du danger de mort; *et s'il* hérétiques qui sont baptisés sous condition à l'âge adulte.

s'agit d'hérétiques qui sont baptisés sous condition à l'âge adulte, *on observera le rite prescrit pour cela.*

§ 3. - En dehors du cas prévu au § 2, on doit suppléer au plus tôt à l'église les cérémonies omises dans la collation du baptême, quel qu'ait été le motif de cette omission.

§ 3. - Si dans la collation du baptême des cérémonies on été omises, on observera le rite prévu *pour présenter à l'église l'enfant déjà baptisé.*

NOTE EXPLICATIVE: Le changement du § 1 du présent canon 579 provient des « Praenotanda generalia » de l'Ordo Baptismi parvulorum », publié en 1973, n. 16. Le changement introduit au § 2 provient du fait que la distinction entre le baptême solennel et le baptême privé est supprimée. Quant au texte ajouté au même § 2, il est imposé par le rite spécial publié dans l'« Ordo initiationis christianae adultorum » publié en 1972, dans l'Appendice. Les changements apportés au § 3 du présent canon, proviennent du rite prévu dans l'« Ordo baptismi parvulorum » publié en 1973, nn. 165-185 [18].

Can. 760.

Texte du Code de droit can.

Quand on réitère le baptême sous condition, on supplée les cérémonies qui ont été omises dans le premier baptême, sans préjudice de la norme du can. 759, § 3; les cérémonies observées dans le premier baptême, peuvent être renouvelées ou omises dans le second baptême.

NOTE EXPLICATIVE: Le présent canon 760 n'a subi aucun changement depuis le Concile Vatican II.

Can. 761.

Texte du Code de droit can.

Les curés veilleront à ce qu'un nom chrétien soit donné au baptisé; s'ils ne peuvent l'obtenir, ils ajouteront le nom d'un

Saint à celui que les parents auront choisi et ils inscriront les deux noms dans les registres des baptêmes.

NOTE EXPLICATIVE: Le présent canon 761 n'a pas subi de changement, bien que l'« Ordo baptismi parvulorum » ne signale plus cette norme [19].

Des Parrains.

Can. 762.

Nouveau texte.

Selon l'ordre même de la création, le ministère et l'office des parents dans le baptême des enfants est plus important que l'office des parrains.

Texte du Code de droit can.

§ 1. - Conformément au très ancien usage de l'Église, personne ne doit recevoir le baptême solennel, sans avoir, autant que possible, un parrain.

§ 2. - Pour le baptême privé, on doit aussi avoir un parrain, si on le peut facilement; s'il n'y en a pas eu, il devra y en avoir un au supplément de cérémonies, mais en ce cas il ne contracte pas la parenté spirituelle.

Nouveau texte.

§ 1., § 2. - Conformément autrès ancien usage de l'Église, *l'adulte n'est pas admis au baptême sans parrain. Même s'il s'agit du baptême d'un enfant, le parrain aidera les parents afin que l'enfant parvienne à professer la foi et à la manifester dans sa vie; dans la célébration du baptême, le parrain intervient avec les parents afin de professer la foi de l'Église dans laquelle l'enfant est baptisé* (...). Au supplément de cérémonies (...) il ne contracte pas la parenté spirituelle.

NOTE EXPLICATIVE: Le nouveau texte introduit en tête du présent canon 762 provient de l'« Ordo baptismi parvulorum » publié en 1973, « Praenotanda » n. 5. Le changement des deux § § provient de l'Ordo Baptismi parvulorum », dans les « Praenotanda generalia » nn. 8, 9. Les omissions proviennent de l'adaptation du texte à la nouvelle norme [20].

Can. 763.

Texte du Code de droit can.

§ 1. - Dans le baptême réitéré sous condition, on doit prendre, si c'est possible, le même parrain qu'au premier baptême; en dehors de ce cas, le parrain n'est pas requis pour un baptême donné sous condition.

§ 2. - Dans un baptême sous condition, ni le parrain présent au premier baptême, ni celui présent au second ne contractent la parenté spirituelle, à moins que le même parrain ne fût présent aux deux baptêmes.

NOTE EXPLICATIVE: Le présent can. 763 n'a subi aucun changement depuis le Concile Vatican II.

Can. 764.

Texte du Code de droit can.

Il ne doit y avoir qu'un seul parrain, même s'il est d'un sexe différent de celui du baptisé, ou tout au plus un parrain et une marraine.

Nouveau texte.

Il ne doit y avoir qu'un seul parrain, même s'il est d'un sexe différent de celui du baptisé, ou tout au plus un parrain et une marraine; **les deux cependant sont désignés par le nom de « parrain » dans le rite du baptême.**

NOTE EXPLICATIVE: Le texte ajouté au présent canon 764 provient de l'« Ordo Baptismi parvulorum » publié en 1973, dans les « Praenotanda » n. 6 [21].

Can. 765.

Texte du Code de droit can.

Pour être parrain, il faut:

1° être baptisé, avoir l'usage de la raison et avoir l'in-

Nouveau texte.

Pour être parrain, il faut:

1° *Etre suffisamment mûr pour remplir cette fonction*

tention de remplir cette fonction;

2° n'appartenir à aucune secte hérétique ou schismatique; n'être sous le coup d'aucune sentence, condamnatoire ou déclaratoire, d'excommunication ou d'infamie de droit, ni d'exclusion des actes légitimes et, s'il est clerc, ni de déposition ou de dégradation;

3° n'être ni le père ni la mère, ni le conjoint du baptisé;

4° être désigné par le baptisé, ou par ses parents ou tuteurs ou, à leur défaut, par le ministre;

5° tenir ou toucher physiquement le baptisé, dans l'acte même du baptême, ou le recevoir immédiatement au sortir de la piscine ou des mains de celui qui baptise, par soi-même ou par procureur.

et avoir reçu les trois Sacrements du baptême, de la confirmation et de l'eucharistie;

2° *appartenir à l'Église catholique*; n'être sous le coup d'aucune sentence, condamnatoire ou déclaratoire, d'excommunication ou d'infamie de droit, ni d'exclusion des actes légitimes, et, s'il est clerc, ni de déposition ou de dégradation;

3° n'être ni le père ni la mère, ni le conjoint du baptisé;

4° être désigné par le baptisé, ou par ses parents ou tuteurs ou, à leur défaut, par le ministre;

5° tenir ou toucher physiquement le baptisé, dans l'acte même du baptême, ou le recevoir immédiatement au sortir de la piscine ou des mains de celui qui baptise, par soi-même ou par procureur.

Nouveau texte.

Un baptisé, cependant, provenant d'une Église ou d'une communauté séparée mais ayant la foi dans le Christ peut être admis avec un parrain catholique ou avec une marraine catholique, comme parrain ou témoin chrétien du baptême, si les parents le désirent, compte tenu des normes données pour les différents cas en matière oecuménique.

Dans le baptême d'adulte, le parrain doit être choisi dans la communauté chrétienne, qui a aidé celui qui doit être baptisé au moins durant la dernière période de préparation au baptême et qui l'aidera, après le baptême, à persévérer dans la foi et à vivre chrétiennement.

NOTE EXPLICATIVE: Le changement au n. 1° du présent canon 765 provient de l'« Ordo Baptismi parvulorum », dans les « Praenotanda Generalia » n. 10. Le changement introduit dans le n. 2° provient de la même source. Le premier nouveau texte ajouté, provient du même « Ordo » dans les « Praenotanda Generalia » n. 10, et le deuxième nouveau texte provient du n. 8 [22].

Can. 766.

Texte du Code de droit can.

Pour qu'on puisse admettre licitement quelqu'un comme parrain, il faut:

1° qu'il ait commencé sa quatorzième année, à moins que, pour une cause juste, le ministre du baptême en juge autrement;

2° qu'il ne soit, pour un délit notoire, ni excommunié, ni exclu des actes légitimes, ni infâme de droit, sans qu'il soit nécessaire qu'une sentence ait été portée; qu'il ne soit ni interdit, ni de mauvaise réputation, ni infâme de fait;

3° qu'il connaisse les rudiments de la foi;

4° qu'il soit ni novice, ni profès, dans un Institut religieux, à moins d'une nécessité urgente et d'une permission expresse accordée au moins par le Supérieur local;

5° qu'il ne soit pas engagé dans les ordres sacrés, à moins d'une autorisation expresse de son Ordinaire propre.

NOTE EXPLICATIVE: Le présent can. 766 n'a subi aucun changement depuis le Concile Vatican II [23].

Can. 767.

Texte du Code de droit can.

Dans le doute si quelqu'un peut être validement ou licitement admis comme parrain, le curé, s'il en a le temps, doit consulter l'Ordinaire.

NOTE EXPLICATIVE: Le présent canon 767 n'a subi aucun changement depuis le Concile Vatican II.

Can. 768.

Texte du Code de droit can.

Le baptême fait contracter une parenté spirituelle seulement entre le baptisé et celui qui le baptise, entre le baptisé et son parrain.

NOTE EXPLICATIVE: Le présent canon 768 n'a subi aucun changement depuis le Concile Vatican II [24].

Can. 769.

Texte du Code de droit can.

En vertu de la charge qu'ils ont acceptée, les parrains doivent considérer leur enfant spirituel comme étant confié pour toujours à leur sollicitude, et, pour ce qui regarde son éducation chrétienne, ils doivent veiller avec soin à ce que, pendant toute sa vie, il se montre tel que, dans une cérémonie solennelle, ils ont pris l'engagement qu'il serait.

NOTE EXPLICATIVE: Le présent canon 769 n'a subi aucun changement depuis le Concile Vatican II.

Du temps et du lieu de l'administration du Baptême.

Can. 770.

Texte du Code de droit can.

Les enfants doivent être baptisés le plus tôt possible; et les curés et prédicateurs doivent fréquemment rappeler aux fidèles leur grave obligation, à ce sujet.

Nouveau texte.

(...) **Si l'enfant est en danger de mort, il doit être baptisé sans délai. Dans les autres cas, les parents avertiront le curé le plus tôt possible, et même, le cas échéant, avant la naissance de l'enfant, afin que la célébration du sacrement puisse être convenablement préparée.**

Nouveau texte.

Mais la célébration du baptême aura lieu durant les premières semaines après la naissance de l'enfant.

La Conférence épiscopale peut cependant déterminer un intervalle plus long pour des raisons graves d'ordre pastoral.

Il revient au curé, qui doit tenir compte des règlements publiés par la Conférence épiscopale, de déterminer le moment où les enfants seront baptisés, quand les parents ne sont pas encore suffisamment préparés à professer la foi et à prendre en charge l'éducation des enfants dans la foi chrétienne.

NOTE EXPLICATIVE: Les nouveaux textes du présent canon 770 proviennent des « Praenotanda » de l'« Ordo Baptismi parvulorum » publié en 1973, n. 8 [25].

Can. 771.

Texte du Code de droit can.

On doit, en cas d'urgente nécessité, administrer n'importe quand et n'importe où le baptême privé.

Nouveau texte.

On doit, en cas d'urgente nécessité, administrer n'importe quand et n'importe où le baptême (. . .).

NOTE EXPLICATIVE: L'omission dans le texte du présent canon 771 provient du fait que la distinction entre le baptême solennel et le baptême privé a été supprimée [26].

Can. 772.

Texte du Code de droit can.

Le baptême solennel lui aussi peut être administré n'importe quel jour; toutefois, pour le baptême des adultes, selon le rite très ancien de l'Église, il convient de l'administrer, si cela peut se faire commodément, les vigiles de Pâques et de Pentecôte, principalement dans les églises métropolitaines ou cathédrales.

Nouveau texte.

Tout baptême peut être administré n'importe quel jour; **cependant, pour illustrer le sens pascal du baptême, il est recommandé de célébrer ce sacrement la veillée pascale ou un dimanche, jour où l'Église commémore la résurrection du Seigneur.**

Nouveau texte.

Le dimanche, cependant, ou peut célébrer le baptême durant la messe, afin que toute la communauté puisse assister au rite et afin qu'apparaisse plus clairement le lien entre le baptême et la très sainte eucharistie.

NOTE EXPLICATIVE: Le nouveau texte introduit dans le présent canon 772 provient des « Praenotanda » de l'« Ordo Baptismi parvulorum » publié en 1973, n. 9. Le changement introduit au début du texte du présent canon provient du fait que la distinction entre le baptême solennel et le baptême privé a été supprimée.

Can. 773.

Texte du Code de droit can.

Le lieu spécialement affecté à l'administration du baptême solennel est le baptistère dans une église ou un oratoire public.

Nouveau texte.

Le lieu spécialement affecté à l'administration du baptême (...) est le baptistère dans une église ou un oratoire public; **qu'il soit réservé au sacrement de baptême et très digne.**

NOTE EXPLICATIVE: L'omission dans le texte du présent canon 773 provient du fait que la distinction entre le baptême solennel et le baptême privé a été supprimée. Le nouveau texte ajouté au présent canon provient des « Praenotanda generalia » de l'« Ordo Baptismi parvulorum » publié n 1973, n. 25.

Can. 774.

Texte du Code de droit can.

§ 1. - Tout statut ou privilège ou coutume contraire étant révoqué et réprouvé expressément, toute église paroissiale doit avoir des fonts baptismaux, sans préjudice d'un droit cumulatif légitimement acquis par d'autres églises.

Texte du Code de droit can.

§ 2. - Pour la commodité des fidèles l'Ordinaire du lieu

Nouveau texte.

§ 2. - *Ayant entendu le curé du lieu,* l'Ordinaire du lieu peut

peut permettre ou ordonner d'établir des fonts baptismaux également dans une autre église ou dans un oratoire public situés sur le territoire de la paroisse.	permettre ou ordonner d'établir des fonts baptismaux également dans une autre église ou dans un oratoire public situés sur le territoire de la paroisse. **Il revient, selon l'usage, au curé de célébrer le baptême aussi dans ces lieux.**

NOTE EXPLICATIVE: Le changement du § 2 du présent canon 774, ainsi que le nouveau texte ajouté proviennent des « Praenotanda » de l'« Ordo Baptismi parvulorum, publié en 1973, n. 11 [27].

Can. 775.

Texte du Code de droit can.	*Nouveau texte.*
Si, en raison de la distance ou d'autres circonstances, il peut y avoir grand inconvénient ou danger pour le baptisé à se rendre ou à être porté à l'église paroissiale, ou à une autre église ayant le droit d'avoir des fonts baptismaux, le baptême solennel peut et doit être administré par le curé dans l'église ou l'oratoire public les plus proches, situés sur le territoire de la paroisse, même si ceux-ci n'ont pas de fonts baptismaux.	Si en raison de la distance ou d'autres circonstances, il peut y avoir grand inconvénient ou danger pour le baptisé à se rendre ou à être porté à l'église paroissiale, ou à une autre église ayant le droit d'avoir des fonts baptismaux, le baptême (...) peut et doit être administré par le curé dans l'église ou l'oratoire public les plus proches, situés sur le territoire de la paroisse, même si ceux-ci n'ont pas de fonts baptismaux.

NOTE EXPLICATIVE: L'omission dans le présent canon 775 provient du fait que la distinction entre le baptême solennel et le baptême privé a été supprimée.

Can. 776.

Texte du Code de droit can.	*Nouveau texte.*
§ 1. - Le baptême solennel ne doit pas être administré	§ 1. - (...) **On ne célébrera pas le baptême dans des mai-**

dans les maisons privées, sauf dans les circonstances suivantes:

1° si ceux qui doivent être baptisés sont les enfants ou petits-enfants de chefs d'État ou de princes héritiers qui en font la demande régulière;

2° si l'Ordinaire du lieu, pour une cause juste et raisonnable juge en toute prudence et conscience, devoir le permettre dans un cas extraordinaire.

§ 2. - Dans ces circonstances le baptême doit être conféré dans la chapelle de la maison, ou du moins dans un autre lieu décent, et on doit se servir d'eau baptismale.

sons privées en dehors du danger de mort. Le baptême ne sera pas célébré non plus dans des cliniques, si ce n'est en cas de nécessité ou pour une autre raison d'ordre pastoral; l'Ordinaire du lieu cependant peut donner d'autres dispositions.

§ 2. - Dans ces circonstances, le baptême doit être conféré dans la chapelle (...) ou du moins dans un autre lieu décent et on doit se servir d'eau baptismale; **on doit aussi prendre soin que le curé en soit averti et que les parents soient préparés d'una manière convenable.**

NOTE EXPLICATIVE: Le nouveau texte qui remplace le § 1 du présent canon 776 et le texte ajouté au § 2 proviennent des « Praenotanda » de l'« Ordo Baptismi parvulorum » publié en 1973, nn. 12, 13. L'omission du mot « domus » dans le texte du § 2 se justifie, puisqu'il s'agit plutôt d'un hôpital ou clinique, et non plus d'une maison privée.

De l'inscription et de la preuve du baptême.

Can. 777

Texte du Code de droit can.

§ 1. - Les curés doivent inscrire sans retard et avec soin sur un registre les baptêmes en indiquant les noms des baptisés et en mentionnant le ministre, les parents, les parrains, le lieu et le jour du baptême.

§ 2. - Lorsqu'il s'agit d'enfants illégittimes, on doit mettre le nom de la mère, si elle est publiquement connue comme telle, ou si elle-même le demande spontanément par écrit ou devant deux témoins; on inscrit aussi le nom du père, si on le connaît par un document public authentique, ou s'il l'exige lui-même spontanément du curé soit par écrit, soit devant deux témoins. Dans les autres cas, l'enfant doit être inscrit comme né de père inconnu ou de parents inconnus.

NOTE EXPLICATIVE: Le présent canon 777 n'a pas subi de changement depuis le Concile Vatican II [28].

Can. 778.

Texte du Code de droit can.

Si le baptême n'a été administré ni par le propre curé ni en sa présence, le ministre doit en informer au plus tôt le propre curé du domicile du baptisé.

NOTE EXPLICATIVE: Le présent canon 778 n'a pas subi de changement depuis le Concile Vatican II [29].

Can. 779.

Texte du Code de droit can.

La preuve du baptême peut être faite par un seul témoin quand il est absolument digne de foi ou par le serment de celui qui a été baptisé à l'âge adulte, sans préjudice de personne.

NOTE EXPLICATIVE: Le présent canon 779 n'a pas subi de changement depuis le Concile Vatican II.

DE LA CONFIRMATION

Can. 780.

Texte du Code de droit can.

Le sacrement de la confirmation doit être conféré par l'imposition de la main accompagnant l'onction du saint-chrême sur le front et par les paroles prescrites dans le Pontifical approuvé par l'Église.

Nouveau texte.

L'imposition des mains, qui se fait sur les confirmands durant l'oraison « Deus omnipotens », bien qu'elle ne soit pas requise pour la validité du sacrement, doit cependant être tenue en haute estime comme contribuant à l'intégrité du rite et à la compréhension plus parfaite du sacrement.

NOTE EXPLICATIVE: Le présent canon 780 n'a pas subi de changement depuis le Concile Vatican II. Celui-ci en parle dans la Constitution « Sacrosanctum Concilium », n. 71, dans la Constitution « Lumen Gentium », n. 11, dans le Décret « Ad Gentes », n. 36. La Constitution « Divinae Consortium naturae » du 15 août 1971 détermine clairement la notion et la forme du sacrement. Le nouveau texte ajouté au présent canon en provient, il se trouve aussi dans les « Praenotanda » n. 9 de l'« Ordo Confirmationis » publié en 1971 [30].

Can. 781.

Texte du Code de droit can.

§ 1. - Le saint chrême, à employer dans le sacrement de la confirmation, doit être consacré par l'évêque, même si un simple prêtre, en vertu du droit ou d'un indult apostolique, administre le sacrement.

§ 2. - L'onction cependant se fait sans le concours d'aucun

instrument, mais par la main du ministre posée sur la tête du confirmand.

NOTE EXPLICATIVE: Le présent canon 781 n'a subi aucun changement depuis le Concile Vatican II.

Du ministre de la confirmation.

Can. 782.

Texte du Code de droit can.

§ 1. - L'évêque seul est le ministre ordinaire de la confirmation.

§ 2. - Un prêtre peut être le ministre extraordinaire, lorsque le droit commun ou un indult particulier du Saint-Siège lui en donne le pouvoir.

§ 3. - Ce pouvoir, par le droit même, appartient aux Cardinaux, selon la norme du can. 239, § 1, n. 23, aux Abbés ou Prélats nullius, aux Vicaires et Préfets Apostoliques, qui ne peuvent toutefois utiliser validement ce pouvoir que dans les limites de leur territoire et tant qu'ils demeurent en fonction.

Nouveau texte.

§ 1. - L'évêque (...) est le ministre *originaire* de la confirmation.

§ 2. - Un prêtre peut être le ministre extraordinaire, lorsque le droit commun ou un indult particulier du Saint-Siège lui en donne le pouvoir.

§ 3. - Ce pouvoir, par le droit même, appartient aux Cardinaux selon la norme du can. 239, § 1, n. 23, **aux Administrateurs Apostoliques, qui ne sont pas évêques,** aux Abbés ou Prélats nullius, aux Vicaires et Préfets Apostoliques, qui ne peuvent toutefois utiliser (...) ce pouvoir que dans les limites de leur territoire et tant qu'ils demeurent en fonction; **au prêtre qui, par son office légitime, baptise un adulte ou un enfant d'âge catéchistique ou qui admet un adulte déjà validement baptisé à la pleine communion avec l'Église; en cas de danger de mort, pourvu qu'on ne puisse pas avoir commodément un évêque ou que celui-ci soit lé-**

gitimement empêché, ceux qui suivent: les curés et les vicaires paroissiaux, et, durant leur absence, leurs vicaires coopérateurs; les prêtres qui gouvernent une paroisse particulière réguliérement constituée, les vicaires économes, les vicaires substituts et les vicaires adjuteurs; durant l'absence cependant de tous ceux mentionnés ci-dessus, tout prêtre non empêché par une censure ou une peine canonique.

Nouveau texte.

En cas d'une vraie nécéssité et pour une raison particulière, comme il peut arriver quand il y a une multitude de personnes qui doivent être confirmées, le ministre originaire du ~~baptême~~, le ministre extraordinaire en vertu d'un indult particulier du Saint-Siège ou en vertu du droit même, peuvent s'adjoindre d'autres prêtres pour administrer le sacrement. Il est nécessaire que ces prêtres: ou bien aient une fonction ou une charge particulière dans le diocèse, comme sont les Vicaires généraux, les Vicaires ou les Délégués épiscopaux, les Vicaires du district ou de la région, ceux qui par mandat de l'Ordinaire leur sont assimilés d'office; ou bien qu'ils soient les curés des lieux dans lesquels on confère la confirmation, les curés propres des lieux de ceux qui doivent être confirmés, ou les prêtres qui se sont occupés spécialement de la préparation catéchistique des confirmands.

Les Ordinaires des lieux ont en plus le pouvoir de concéder aux aumôniers de tous les hôpitaux, orphelinats, prisons, la faculté d'administrer le sacrement de confirmation, en l'absence du curé, aux fidèles en danger de mort, pourvu qu'ils observent les normes déterminées pour l'administration du sacrement de la confirmation par un prêtre.

Texte du Code de droit can.	*Nouveau texte.*
§ 4. - Si un prêtre du rite latin a reçu par un indult ce pouvoir, il ne peut conférer validement la confirmation qu'aux seuls fidèles de son rite à moins que des dispositions contraires expresses ne soient prévues par l'indult.	§ 4. - *Les prêtres du rite latin, selon les facultés dont ils jouissent en ce qui regarde l'administration du sacrement de la confirmation, peuvent le conférer aussi aux fidèles des Églises orientales, sans préjudice pour leur rite, en observant, pour la licéité, les prescriptions du droit tant commun que particulier.*
§ 5. - Il est défendu aux prêtres de rite oriental, qui ont le pouvoir ou le privilège de confirmer les enfants de leur rite en les baptisant, de conférer la confirmation aux enfants du rite latin.	§ 5. - Il est défendu aux prêtres de rite oriental, qui ont le pouvoir ou le privilège de confirmer les enfants de leur rite en les baptisant, de conférer la confirmation aux enfants du rite latin, **tout en étant sauve la norme selon laquelle tous les prêtres orientaux peuvent conférer validement le sacrement de la confirmation soit avec le baptême, soit séparément, à tous les fidèles de n'importe quel rite, même du rite latin.**

NOTE EXPLICATIVE: Le changement introduit dans le § 1 du présent canon 782 provient des « Praenotanda » n. 7 de l'« Ordo Confirmationis », publié en 1971. Le texte ajouté au § 3 provient des mêmes « Praenotanda » nn. 7, 8, du Motu Proprio « Pastorale munus » du 30 novembre 1963, n. 13 et des « Praenotanda » n. 31 de l'« Ordo Unctionis infirmorum » publié en 1972. Le changement du § 4 et le texte ajouté au § 5 s'imposent par le Décret « Orientalium Ecclesiarum », n. 14 [31].

Can. 783.

Texte du Code de droit can.

§ 1. - Dans son diocèse un évêque a le droit d'administrer la confirmation même aux étrangers, à moins que leur propre Ordinaire ne l'ait expressement défendu.

§ 2. - Dans un diocèse étranger il doit avoir une permission au moins raisonnablement présumée de l'Ordinaire du lieu, à moins qu'il ne s'agisse de confirmer ses propres sujets, s'il le fait sans solennité et sans crosse, ni mitre.

NOTE EXPLICATIVE: Le présent canon 783 n'a subi aucun changement depuis le Concile Vatican II.

Can. 784.

Texte du Code de droit can.

Un prêtre qui a un privilège apostolique pour un territoire déterminé peut confirmer sur ce territoire même les étrangers, à moins que leurs Ordinaires ne l'aient expressément défendu.

NOTE EXPLICATIVE: Le présent canon 784 n'a subi aucun changement depuis le Concile Vatican II.

Can. 785.

Texte du Code de droit can.

§ 1. - L'évêque est obligé d'administrer la confirmation à ses sujets qui en font la demande régulièrement et raisonnablement, surtout au moment de la visite du diocèse.

§ 2. - Le prêtre qui est muni d'un pouvoir apostolique de confirmation a la même obligation à l'égard de ceux en faveur desquels ce pouvoir lui a été concédé.

§ 3. - Un Ordinaire légitimement empêché ou n'ayant pas le pouvoir de confirmer est obligé, autant que possible au moins tous les cinq ans de pourvoir à ce que ce sacrement soit administré à ses sujets.

§ 4. - S'il se rend coupable de négligence grave concernant l'administration du sacrement de confirmation à ses sujets par soi-même ou par un autre, on doit observer la prescription du can. 274, n. 4.

NOTE EXPLICATIVE: Le présent can. 785 n'a pas subi de changement depuis le Concile Vatican II [32].

Du sujet de la confirmation.

Can. 786.

Texte du Code de droit can.

Pour être validement confirmé, il faut avoir reçu le baptême d'eau; de plus, pour que la confirmation soit licite et fructueuse, il faut être en état de grâce, et, si on a l'usage de la raison, être suffisamment instruit.

Nouveau texte.

Pour être validement confirmé il faut avoir reçu le baptême d'eau; de plus, pour que la confirmation soit licite et fructueuse, il faut être en état de grâce, et, si on a l'usage de la raison, être suffisamment instruit, **et en état de renouveler la promesse baptismale.**

NOTE EXPLICATIVE: Le texte ajouté au présent canon 786 provient des « Praenotanda » n. 12 de l'« Ordo Confirmationis » publié en 1971 [33].

Can. 787.

Texte du Code de droit can.

Le sacrement de confirmation n'est pas nécessaire au salut, de nécessité de moyen; cependant, il n'est permis à personne de négliger ce sacrement, si l'occasion s'en présente; bien plus, les curés doivent veiller à ce que les fidèles le reçoivent en temps opportun.

Nouveau texte.

Le catéchumène adulte, qui doit recevoir la confirmation immédiatement après le baptême, jouira de l'aide de la communauté chrétienne et surtout de la formation, qui lui est don-

née durant la période du catéchumenat. Les catéchistes, les parrains et les membres de l'Église locale y contribueront par l'enseignement catéchistique et par les célébrations communautaires. Le règlement du catéchuménat sera adapté par des moyens appropriés pour ceux, qui, baptisés étant enfants, reçoivent la confirmation seulement à l'âge d'adulte.

NOTE EXPLICATIVE: Le nouveau texte ajouté au présent canon 787 provient des « Praenotanda » n. 3 de l'« Ordo Confirmationis » publié en 1971.

Can. 788.

Texte du Code de droit can.	*Nouveau texte.*
Dans l'Église latine l'administration de la confirmation est différée à juste titre jusqu'à l'âge de sept ans environ; on ne peut l'administrer avant cet âge que si l'enfant est en danger de mort ou si le ministre, pour des raisons justes et graves, le juge expédient.	Dans l'Église latine l'administration de la confirmation est différée à juste titre jusqu'à l'âge de sept ans environ; cependant, *pour des raisons pastorales, surtout pour faire pénétrer plus efficacement dans la vie des fidèles l'adhésion pleine au Seigneur et son solide témoignage, les Conférences épiscopales peuvent déterminer un âge qui leur paraisse plus adapté, de sorte que ce sacrement soit conféré à un âge plus avancé, après une formation adéquate. En ce cas, les précautions voulues seront prises pour que le sacrement soit administré aux enfants en temps opportun même avant l'âge de raison, quand il y a danger de mort ou d'autres difficultés graves.*

NOTE EXPLICATIVE: Le changement introduit dans le présent canon 788 provient des « Praenotanda » n. 11 de l'« Ordo Confirmationis » publié en 1971 [34].

Can. 789.

Texte du Code de droit can.

S'il y a plusieurs confirmands, tous doivent assister à la première imposition ou extension des mains et ne s'en aller qu'une fois le rite achevé.

NOTE EXPLICATIVE: Le présent canon 789 n'a subi aucun changement depuis le Concile Vatican II.

Du temps et du lieu de la confirmation.

Can. 790.

Texte du Code de droit can.

Ce sacrement peut être conféré en tout temps, mais il est très convenable de l'administrer pendant la semaine de la Pentecôte.

Nouveau texte.

La confirmation a lieu habituellement durant la Messe. Quand elle est conférée dehors de la Messe, on la fera précéder d'une célébration de la parole de Dieu.

NOTE EXPLICATIVE: Le texte ajouté au présent canon 790 provient des « Praenotanda » n. 13 de l'« Ordo Confirmationis » publié en 1971 [35].

Can. 791.

Texte du Code de droit can.

C'est à l'église que la confirmation doit être conférée; cependant, pour un motif juste et raisonnable laissé au jugement du ministre, on peut conférer ce sacrement dans n'importe quel lieu décent.

NOTE EXPLICATIVE: Le présent canon 791 n'a subi aucun changement depuis le Concile Vatican II.

Can. 792.

Texte du Code de droit can.

Un évêque qui n'est pas hors de son diocèse a le droit d'administrer la confirmation même dans les lieux exempts.

NOTE EXPLICATIVE: Le présent canon 792 n'a subi aucun changement depuis le Concile Vatican II.

Des parrains.

Can. 793.

Texte du Code de droit can.

Conformément à un usage très ancien dans l'Église, tout confirmé, comme tout baptisé, doit avoir un parrain, si possible.

Nouveau texte.

Il est permis aux parents de présenter eux-mêmes leurs enfants. Il revient à l'Ordinaire du lieu, de déterminer la norme à observer dans son diocèse en tenant compte des circonstances.

NOTE EXPLICATIVE: Le texte ajouté au présent canon 793 provient des « Praenotanda » n. 5 de l'« Ordo Confirmationis » publié en 1971 [36].

Can. 794.

Texte du Code de droit can.

§ 1. - Le parrain présente seulement une ou deux personnes à confirmer, à moins que le ministre autorise d'agir autrement pour un juste motif.

§ 2. - Il n'y a qu'un seul parrain pour chacun des confirmands.

NOTE EXPLICATIVE: Le présent canon 794 n'a subi aucun changement depuis le Concile Vatican II.

Can. 795.

Texte du Code de droit can.	*Nouveau texte.*
Pour être parrain il faut:	Pour être parrain il faut:
1° être confirmé, avoir l'usage de la raison et l'intention de remplir cette charge;	1° être confirmé, avoir l'usage de la raison et l'intention de remplir cette charge; **être spirituellement bien préparé, suffisamment mûr et avoir été initié à l'eucharistie.**
2° n'appartenir à aucune secte hérétique ou schismatique; n'être atteint par aucune sentence condamnatoire ou déclaratoire énoncée au canon 765, n. 2;	2° n'appartenir à aucune secte hérétique ou schismatique; n'être atteint par aucune sentence condamnatoire ou déclaratoire énoncée au canon 765, n. 2;
3° n'être ni le père, ni la mère, ni le conjoint du confirmand;	3° (...);
4° être désigné par le confirmand ou ses parents ou tuteurs, ou, à leur défaut ou s'ils refusent, par le ministre ou le curé;	4° être désigné par le confirmand ou ses parents ou tuteurs, ou, à leur défaut ou s'ils refusent, par le ministre ou le curé;
5° toucher physiquement, par soi-même ou par procureur, le confirmand dans l'acte même de la confirmation.	5° toucher physiquement, par soi-même ou par procureur, le confirmand dans l'acte même de la confirmation.

Note explicative: Le texte ajouté au n. 1° du présent canon 795 provient des « Praenotanda » n. 6 de l'« Ordo Confirmationis » publié en 1971. Le n. 3° est supprimé par la faculté concedée aux parents de presenter aux-mêmes leurs enfants à la confirmation, selon l'« Ordo Confirmationis », n. 5.

Can. 796.

Texte du Code de droit can.	*Nouveau texte.*
Pour être licitement admis comme parrain, il faut:	Pour être licitement admis comme parrain, il faut:
1° Ne pas être déjà le parrain du baptême, à moins qu'un motif raisonnable, dont le ministre est juge, ne conseille le contraire ou que la confirmation ne soit légitimement conférée aussitôt après le baptême;	(1°) (...);
2° être du même sexe que le confirmand, à moins que le ministre, dans des cas particuliers, n'autorise, pour un motif raisonnable, une autre manière de faire;	2° être du même sexe que le confirmand, à moins que le ministre, dans des cas particuliers, n'autorise, pour un motif raisonnable, une autre manière de faire;
3° remplir aussi les normes prescrites par le can. 766.	3° remplir aussi les normes prescrites par le can. 766.

NOTE EXPLICATIVE: L'omission du n. 1° du présent canon 796 provient des « Praenotanda » n. 5 de l'« Ordo Confirmationis » publié en 1971 [37].

Can. 797.

Texte du Code de droit can.

Le sacrement de confirmation validement reçu fait naître entre le confirmé et son parrain une parenté spirituelle, d'où résulte pour le parrain l'obligation de considérer le confirmé comme lui étant confié pour toujours et de veiller à son éducation chrétienne.

NOTE EXPLICATIVE: Le présent canon 797 n'a subi aucun changement depuis le Concile Vatican II.

De l'inscription et de la preuve de la confirmation.

Can. 798.

Texte du Code de droit can.

Le curé doit inscrire sur un registre spécial les noms du ministre de la confirmation, des confirmés, de leurs parents et parrains, le jour et le lieu de la confirmation, il mentionnera aussi la réception de la confirmation dans le livre des baptêmes conformément au can. 470, § 2.

NOTE EXPLICATIVE: Le présent canon 798 n'a subi aucun changement depuis le Concile Vatican II.

Can. 799.

Texte du Code de droit can.

Si le propre curé n'assiste pas à la confirmation, le ministre doit au plus tôt l'informer par lui-même ou par un autre qu'il a conféré ce sacrement.

NOTE EXPLICATIVE: Le présent canon 799 n'a subi aucun changement depuis le Concile Vatican II.

Can. 800.

Texte du Code de droit can.

La preuve de la confirmation se fait, sans préjudice porté à personne, par un seul témoin s'il est absolument digne de foi; ou par le serment du confirmé, à moins qu'il n'ait été confirmé dans son enfance.

NOTE EXPLICATIVE: Le présent canon 800 n'a subi aucun changement depuis le Concile Vatican II.

DE LA TRÈS SAINTE EUCHARISTIE

Can. 801.

Texte du Code de droit can.

Dans l'Eucharistie, sous les espèces du pain et du vin, c'est Notre-Seigneur Jésus-Christ lui-même qui est contenu, offert en sacrifice et reçu en nourriture.

NOTE EXPLICATIVE: Le présent canon 801 n'a subi aucun changement depuis le Concile Vatican II. Le sacrement est traité dans la Constitution conciliaire « Sacrosanctum Concilium », n. 7. La S. Congrégation des Rites a publié une longue Instruction « Eucharisticum mysterium » le 25 mai 1967; signalons en particulier le n. 6 [38].

DU SAINT SACRIFICE DE LA MESSE

Du prêtre qui célèbre le sacrifice de la messe.

Can. 802.

Texte du Code de droit can.

Seuls les prêtres ont le pouvoir d'offrir le sacrifice de la messe.

NOTE EXPLICATIVE: Le présent canon 802 n'a subi aucun changement depuis le Concile Vatican II. Celui-ci énonce ce principe dans la Constitution « Lumen Gentium », n. 10, dans le Décret « Presbyterorum Ordinis » nn. 8 et 13. L'Instruction de la S. Congrégation des Rites « Eucharisticum mysterium » du 25 mai 1967 en parle au n. 44.

Can. 803.

Texte du Code de droit can.

Il n'est pas permis à plusieurs prêtres de concélébrer sauf dans la messe d'ordination des prêtres et dans la messe de consécration d'un évêque selon le Pontifical romain.

Nouveau texte.

(...) *La concélébration, qui manifeste heureusement l'unité du sacerdoce, est permise:*

1° *le jeudi-saint tant à la messe chrismale, qu'à la messe du soir;*

2° *à la messe de la consécration d'un évêque, de l'ordination d'un prêtre et de la bénédiction d'un Abbé;*

3° *avec la permission de l'Ordinaire à la messe conventuelle et à la messe principale dans les églises, lorsque l'utilité des fidèles ne requiert pas que tous les prêtres présents célèbrent individuellement; aux messes des assemblées de prêtres de tout genre aussi bien séculiers que réguliers.*

Nouveau texte.

Il appartient à l'evêque de diriger et de régler la concélébration dans son diocèse.

Cependant on réservera toujours à chaque prêtre la faculté de célébrer la messe individuellement, mais non pas au même moment dans la même église, ni le jeudi-saint.

NOTE EXPLICATIVE: Le nouveau texte du présent canon 803 provient de la Constitution « Sacrosanctum Concilium », nn. 57, 58. L'Instruction de la S. Congrégation des Rites « Eucharisticum mysterium » du 25 mai 1967, traîte aussi le même sujet, n. 47 [39].

Can. 804.

Texte du Code de droit can.

§ 1. - Le prêtre étranger à l'église dans laquelle il demande de célébrer, qui montre des lettres de recommandation authentiques et encore valides de son Ordinaire, s'il est séculier, ou de son Supérieur, s'il est religieux, ou de la Sacrée Congrégation pour l'Église orientale s'il est de rite oriental, sera admis à la célébration de la messe, à moins qu'il soit certain qu'entre temps il a commis un fait pour lequel il doit être écarté de la célébration de la messe.

Nouveau texte.

§ 1. - Le prêtre étranger à l'église dans laquelle il demande de célébrer, qui montre des lettres de recommandation authentiques et encore valides de son Ordinaire, s'il est séculier, ou de son Supérieur s'il est religieux, ou de la Sacrée Congrégation pour *les Églises orientales* s'il est de rite oriental sera admis à la célébration de la messe, à moins qu'il soit certain qu'entre temps il a commis un fait pour lequel il doit être écarté de la célébration de la messe.

Texte du Code de droit can.

§ 2. - S'il n'a pas ces lettres, mais si sa probité est bien connue du recteur de l'église, il peut être admis; il peut même l'être une ou deux fois s'il est inconnu au recteur, pourvu qu'il soit revêtu de l'habit ecclésiastique, qu'il ne perçoive rien, à aucun titre, pour la célébration dans l'église où il officie et qu'il inscrive son nom, ses fonctions et le nom de son diocèse sur un registre spécial.

§ 3. - Les normes particulières données par l'Ordinaire du lieu, en maintenant sauves les prescriptions de ce canon, doivent être observées par tous, même par les religieux exempts, à moins qu'il ne s'agisse d'admettre des religieux à célébrer dans l'église de leur religion.

Note explicative: Le changement introduit au § 1 du présent canon 804 provient du changement du titre de la S. Congrégation pour l'Église orientale, effectué par la Constitution « Regimini Ecclesiae universae » du 15 août 1967, n. 26.

Can. 805.

Texte du Code de droit can.

Tous les prêtres sont tenus par l'obligation de célébrer la messe plusieurs fois par an; l'évêque ou le supérieur réligieux veilleront à ce qu'ils le fassent au moins tous les dimanches et les autres fêtes de précepte.

Nouveau texte.

Il est vivement recommandé aux prêtres de célébrer la messe chaque jour, même si les fidèles ne peuvent y être présents, c'est là un acte du Christ et de l'Église.

Note explicative: Le texte ajouté au présent canon 805 provient du Décret « Presbyterorum Ordinis » n. 13 et de l'Instruction de la S. Congrégation des Rites « Eucharisticum mysterium » du 25 mai 1967, n. 44.

Can. 806.

Texte du Code de droit can.

§ 1. - Sauf au jour de la Nativité de Notre-Seigneur et à celui de la Commémoration de tous les fidèles defunts, jours où il existe la faculté d'offrir trois fois le Sacrifice eucharistique, il n'est pas permis au prêtre de célébrer plusieurs messes par jour, sauf en vertu d'un indult apostolique ou d'une autorisation de l'Ordinaire du lieu.

Texte du Code de droit can.

§ 2. - Cet Ordinaire ne peut donner cette autorisation que s'il estime avec prudence qu'en raison de la pénurie de prêtres une partie notable des fidèles ne pourrait pas assister à la messe un jour de fête de pré-

Nouveau texte.

§. - *En cas de pénurie de clergé et pour un juste motif, l'Ordinaire du lieu peut permettre aux prêtres de célébrer deux messes le jour sur semaine; et même trois les dimanches et les autres jours de pré-*

cepte; il n'est pas dans son pouvoir de permettre au même prêtre de célébrer plus de deux messes.

cepte, si un vrai besoin pastoral le demande.

Nouveau texte.

Pour un motif particulier, à cause de la signification du rite ou de l'importance de la fête, il est permis de célébrer ou de concélébrer plusieurs fois le même jour dans les cas suivants:

1° Celui qui, le jeudi-saint, a célébré ou qui a concélébré la messe chrismale, peut encore célébrer ou concélébrer la messe du soir;

2° Celui qui a célébré ou qui a concélébré une première messe dans la nuit de Pâques, peut célébrer ou concélébrer la messe du jour;

3° Celui qui concélébre avec l'évêque ou son délégué, à l'occasion du Synode, de la visite pastorale ou dans des réunions de prêtres peut célébrer de nouveau la messe pour l'utilité des fidèles au jugement de cet évêque.

NOTE EXPLICATIVE: Le changement introduit au § 2 du présent canon 806 provient du Motu Proprio « Pastorale munus » du 30 novembre 1963, n. 1, 2. Le texte ajouté au présent canon provient de « Institutio generalis Missalis Romani » publiée le 3 avril 1969, n. 158 [40].

Can. 807.

Texte du Code de droit can.

Le prêtre qui a conscience d'être en état de péché mortel, bien qu'il pense en avoir contrition, n'osera point célébrer la messe, sans avoir recours d'abord à la confession sacramentelle; si, en l'absence de confesseur et en cas de nécessité, il a célébré, après avoir fait un acte de contrition parfaite, il se confessera aussitôt que possible.

NOTE EXPLICATIVE: Le présent 807 n'a subi aucun changement depuis le Concile Vatican II [41].

Can. 808.

Texte du Code de droit can.	*Nouveau texte.*
Il n'est pas permis au prêtre de célébrer s'il n'a pas observé le jeûne naturel depuis minuit.	*Le jeûne eucharistique tant en ce qui concerne les aliments solides que les boissons même alcooliques est réduit à une heure avant la sainte communion pour les prêtres comme pour les fidèles en gardant cependant la modération voulue.*

NOTE EXPLICATIVE: Le changement du présent canon 808 provient d'une déclaration du Souverain Pontife fait le 21 novembre 1964. Osservatore Romano, 4-12-1964 [42].

Can. 809.

Texte du Code de droit can.

Il est permis d'appliquer la messe à n'importe quels hommes vivants, ou défunts, qui expient dans le feu du purgatoire, sauf dans le cas prévu par le canon 2262, § 2, n. 2.

NOTE EXPLICATIVE: Le présent canon 809 n'a subi aucun changement depuis le Concile Vatican II [43].

Can. 810.

Texte du Code de droit can.

Le prêtre ne doit pas omettre de se préparer par de pieuses prières à offrir le sacrifice eucharistique et, celui-ci terminé, de rendre grâce à Dieu pour un si grand bienfait.

NOTE EXPLICATIVE: Le présent canon 810 n'a subi aucun changement depuis le Concile Vatican II.

Can. 811.

Texte du Code de droit can.	*Nouveau texte.*
§ 1. - Le prêtre qui va célébrer la Messe doit porter	(...) **Le vêtement liturgique commun aux ministres de**

un habit convenable descendant jusqu'aux talons et les ornements sacrés prescrits par les rubriques de son rite.

§ 2. - Il doit s'abstenir de porter la calotte et l'anneau, s'il n'est ni cardinal, ni évêque ou Abbé bénit ou si un indult apostolique ne lui permet pas leur usage durant la célébration de la messe.

tout degré est l'aube. Le vêtement propre au célébrant pour la messe est la chasuble.

Concélébrer avec l'étole sur la coule monastique, ou sur le vêtement clérical ordinaire, est un abus qui doit être réprouvé. Il n'est absolument pas permis de porter seulement l'étole sur l'habit civil pour célébrer la messe.

NOTE EXPLICATIVE: Le changement du présent canon 811 provient de l'Instruction de la S. Congrégation pour le Culte divin « Liturgicae instaurationes » du 5 septembre 1970, n. 8, c. Texte répété dans una déclaration de Mgr. Bugnini, secr. de la Congr. du Culte divin, dans *L'Osservatore Romano* du 28 juillet 1974 [44].

Can. 812.

Texte du Code de droit can.

Il n'est permis à aucun prêtre, sauf aux évêques et aux autres prélats qui ont l'usage des pontificaux, d'avoir un prêtre assistant uniquement par motif d'honneur ou de solennité.

NOTE EXPLICATIVE: Le présent canon 812 n'a subi aucun changement depuis le Concile Vatican II.

Can. 813.

Texte du Code de droit can.

§ 1. - Le prêtre ne célèbrera pas la messe sans ministre qui le serve et lui réponde.

Nouveau texte.

§ 1. - Le prêtre ne célèbrera pas la messe sans ministre qui le serve et lui réponde. *Il faut être attentif à ce que, dans l'action liturgique, non seulement on observe les lois d'une célébration valide et licite mais aussi à ce que les fidèles parti-*

cipent à celle-ci d'une manière consciente, active et fructueuse.

§ 2. - Le ministre qui sert à la messe ne peut être une femme, mais, à defaut d'un homme, et pour une juste cause elle peut répondre à distance mais sous aucun prétexte elle n'approchera de l'autel.

§ 2. - (...) *Tous les ministères inférieurs à ceux qui sont propres au diacre, peuvent être accomplis par les laïcs. Les ministères qui s'accomplissent, hors du sanctuaire peuvent être confiés aussi à des femmes, selon le jugement prudent du recteur de l'église. Il revient aux Conférences épiscopales de préciser davantage de quel lieu le plus adapté les femmes pourraient annoncer la Parole de Dieu dans l'assemblée liturgique.*

NOTE EXPLICATIVE: Le texte ajouté au § 1 du présent canon 813 provient de l'Instruction de la S. Congrégation des Rites « Eucharisticum mysterium » du 15 mai 1967, n. 46. La Constitution « Sacrosanctum Concilium » n. 27 et la Constitution « Lumen Gentium » n. 10 insistent sur la participation active des fidèles. Le changement du § 2 du présent canon provient de « Institutio generalis Missalis Romani » n. 70 et de l'Instruction de la S. Congrégation pour le Culte divin « Liturgicae instaurationes » du 5 septembre 1970, n. 7 [45].

Des rites et des cérémonies de la messe

Can. 814.

Texte du Code de droit can.

Le sacro-saint sacrifice de la messe doit être une offrande de pain et de vin, auquel très peu d'eau a été ajouté.

NOTE EXPLICATIVE: Le présent canon 814 n'a subi aucun changement depuis le Concile Vatican II [46].

Can. 815.

Texte du Code de droit can.

§ 1. - Le pain doit être de pur froment, de confection récente en sorte qu'il n'y ait aucun péril de corruption.

§ 2. - Le vin doit provenir naturellement de la vigne et ne pas être corrompu.

NOTE EXPLICATIVE: Le présent canon 815 n'a subi aucun changement depuis le Concile Vatican II. L'« Institutio generalis Missalis Romani » publiée le 2 avril 1969 répète ces normes au nn. 282, 284, 285. L'Instruction de la S. Congrégation pour le Culte divin, « Liturgicae instaurationes » du 5 septembre 1970, n. 5, rappelle aussi ces normes [47].

Can. 816.

Texte du Code de droit can.

Dans la célébration de la messe, le prêtre, selon son rite propre, doit employer du pain azyme ou fermenté quel que soit l'endroit où il célèbre.

NOTE EXPLICATIVE: Le présent canon 816 n'a subi aucun changement depuis le Concile Vatican II. L'Instruction de la S. Congrégation pour le Culte divin « Liturgicae instaurationes » du 5 septembre 1970, n. 5 donne la même norme d'une façon plus précise [48].

Can. 817.

Texte du Code de droit can.

Il est défendu, même devant l'urgence d'une extrême nécessité, de consacrer une matière sans l'autre, ou de consacrer en dehors de la messe l'une et l'autre matière.

NOTE EXPLICATIVE: Le présent canon 817 n'a subi aucun changement depuis le Concile Vatican II.

Can. 818.

Texte du Code de droit can.

Toute coutume contraire étant réprouvée, le prêtre célébrant observera avec soin et piété les rubriques de ses livres liturgiques; il évitera d'ajouter de son propre arbitre d'autres cérémonies ou prières.

Nouveau texte.

La même possibilité est donnée, toutes proportions gardées, pour les réunions de religieux avec leur Ordinaire propre.

Les Ordinaires du lieu et les supérieurs généraux des Instituts cléricaux de droit pontifical peuvent concéder à leurs sujets prêtres qui ont la vue faible ou qui souffrent d'une autre maladie, de célébrer chaque jour la messe votive de la Sainte Vierge ou des défunts, en se faisant assister, si c'est nécessaire, d'un prêtre ou d'un diacre et en observant les prescriptions du St-Siège à ce sujet. La même chose peut être concédées aux prêtres entièrement aveugles, à condition qu'ils aient toujours un assistant prêtre ou diacre. Les mêmes autorités peuvent concéder à leurs prêtres malades ou très âgés s'ils ne peuvent rester debout, de célébrer la messe assis, en observant les règles liturgiques.

NOTE EXPLICATIVE: Le texte ajouté au présent canon 818 provient du Motu Proprio « Pastorale munus » du 30 novembre 1963, n. 1, 5, 6, 10 et des Facultés pontificales « Cum admotae » publiées le 6 novembre 1964, n. 1, 2, 3, 5. Le même Motu Proprio « Pastorale munus » donne d'autres facultés en rapport avec la célébration de la messe. Il en est de même de l'Instruction de la S. Congrégation des Rites « Eucharisticum mysterium » du 5 mai 1967, nn. 21, 22, 61; de l'Instruction de la même Congrégation « Tres ab hinc annos » du 4 mai 1967, nn. 10, 23, 45; de l'Instruction de la S. Congrégation pour le Culte divin « Liturgicae instaurationes » du 5 septembre 1970, nn. 3,4. Les livres liturgiques pour la messe sont: l'« Ordo Missae » publié le 2 janvier 1965; le « Missalis Romanus » avec l'« Institutio generalis » du 3 avril 1969 [49].

Can. 819.

Texte du Code de droit can.

Le sacrifice de la messe doit être célébré dans la langue liturgique de chaque rite propre approuvé par l'Église.

NOTE EXPLICATIVE: Le présent canon 819 n'a subi aucun changement depuis le Concile Vatican II, si on entend par langue liturgique toutes les langues qui ont des livres liturgiques autorisés par les Conférences épiscopales ou le Saint-Siège. Depuis la Constitution « Sacrosanctum Concilium » jusqu'à nos jours, une évolution s'est faite à ce sujet, de sorte que, pratiquement, toutes les messes peuvent être célébrées soit en latin soit dans toute autre langue parlée, à condition que la traduction soit autorisée. Cette évolution est le fruit des documents qui suivent:

a) la Constitution « Sacrosanctum Concilium » nn. 36, 54;
b) l'Instruction de la S. Congrégation des Rites « Musicam sacram » du 5 mars 1967, nn. 47, 48;
c) l'Instruction de la S. Congrégation des Rites « Inter oecumenici » du 26 septembre 1964, nn. 57, 59;
d) l'Instruction de la S. Congrégation des Rites « Tres ab hinc annos » du 4 mai 1967, n. VIII (28);
e) le « Missale Romanum » du 26 mars 1970;
f) l'« Instruction de la S. Congrégation pour le Culte divin « Liturgicae instaurationes » du 5 septembre 1970, n. 10[50].

Du temps de la célébration de la messe.

Can. 820.

Texte du Code de droit can.

Le sacrifice de la messe peut être célébré tous les jours, sauf ceux qui sont exclus par le rite propre du prêtre.

NOTE EXPLICATIVE: Le présent canon 820 n'a subi aucun changement depuis le Concile Vatican II[51].

Can. 821.

Texte du Code de droit can.

§ 1. - Le début de la messe à célébrer ne peut avoir lieu plus tôt qu'une heure avant l'aurore ou plus tard qu'une heure après midi.

§ 2. - La nuit de la Nativité du Seigneur, seule la messe conventuelle ou la messe paroissiale peuvent commencer à minuit et aucune autre, sauf indult apostolique.

§ 3. - Toutefois, dans les maisons religieuses ou pieuses qui ont un oratoire avec la faculté de garder la très sainte Eucharistie, la nuit de la Nativité du Seigneur, un même prêtre peut dire les trois messes rituelles, ou, en observant ce qui doit être observé, une seule messe qui vaudra pour l'accomplissement du précepte par tous les assistants, et distribuer la sainte communion à ceux qui la demandent.

Nouveau texte.

Les Ordinaires du lieu et par délégation du Supérieur général avec le consentement de son Conseil, les Supérieurs des Instituts de clercs de droit pontifical, peuvent permettre à leurs sujets prêtres pour une juste cause, de célébrer la messe et distribuer la communion à n'importe quelle heure du jour, en observant par ailleurs ce qui doit être observé.

NOTE EXPLICATIVE: Le norme ajoutée au présent canon 821 provient du Motu Proprio « Pastorale munus » du 30 novembre 1963, n. 1, 4 et des Facultés « Cum admotae » du 6 novembre 1964, n. 1, 1. Si cette faculté est concédée par l'autorité compétente tout le canon 821 perd sa valeur, si elle n'est pas concédée les normes demeurent en vigueur. L'Instruction de la S. Congrégation des Rites « Eucharisticum mysterium », du 25 mai 1967, n. 26 donne quelques directives à ce sujet [52].

Can. 822.

Texte du Code de droit can.

§ 1. - La messe doit être célébrée sur un autel consacré et dans une église ou un oratoire consacré ou bénit conformément aux règles du droit en tenant compte du can. 1196.

§ 2. - Le privilège de l'autel portatif est concédé par le droit ou par indult su Siège apostolique.

§ 3. - Ce privilège permet de célébrer partout, dans un lieu honnête et décent et sur une pièrre sacrée, mais pas en mer.

Nouveau texte.

L'Ordinaire du lieu peut concéder aux prêtres, qui jouissent de l'indult de l'autel portatif, d'utiliser comme pierre d'autel, pour un motif juste et grave l'« antimensium » grec, ou un linge, bénit par un évêque, qui contient, dans l'angle droit, des reliques de martyrs, reconnues par l'évêque, en observant par ailleurs ce qui est prescrit, surtout en ce qui regarde les nappes d'autel et le corporal.

Texte du Code de droit can.

§ 4. - L'Ordinaire du lieu, ou, s'il s'agit de la maison d'un Institut religieux exempt, le Supérieur majeur, peuvent accorder la permission de célébrer en dehors d'une église ou d'un oratoire, sur une pierre sacrée, en un lieu décent, jamais cependant dans une chambre à coucher, pour un motif juste et raisonnable, dans un cas extraordinaire et « per modum actus ».

Nouveau texte.

§ 4. - L'Ordinaire du lieu, ou, s'il s'agit de la maison d'un Institut religieux exempt, le Supérieur majeur, peuvent accorder la permission de célébrer en dehors d'une église ou d'un oratoire, sur une pierre sacrée, en un lieu décent, jamais cependant dans une chambre à coucher, pour un motif juste et raisonnable, dans un cas extraordinaire et « per modum actus » et aussi **d'une manière habituelle mais seulement pour une raison plus grave. La même permission peut être donnée à leurs sujets par**

les Supérieurs majeurs des Instituts cléricaux de droit pontifical, ayant reçu délégation de leur supérieur général du consentement de son conseil. De plus, les Ordinaires du lieu peuvent concéder la faculté de célébrer la messe pour une juste raison sur la mer ou sur les fleuves, en prenant les précautions nécessaires.

Note explicative: Le texte ajouté au § 3 du présent canon 822 provient de l'Instruction de la S. Congrégation pour le Culte divin « Liturgicae instaurationes » du 5 septembre 1970, n. 9. Il est utile aussi de prendre note du Monitum de la S. Congregation des Rites du 29 décembre 1966 et de l'Instruction « Liturgicae instaurationes » n. 10 déjà cité ci-dessus. Le texte ajouté au § 4 du présent canon provient du Motu proprio « Pastorale munus » du 30 novembre 1963, n. 1, 9 et des Facultés « Cum admotae » du 6 novembre 1964, n. 1, 4 [53].

Can. 823.

Texte du Code de droit can.

§ 1. - Il est défendu de célébrer dans un édifice appartenant à des hérétiques ou à des schismatiques, même s'il a été autrefois consacré ou bénit rituellement.

§ 2. - A défaut d'autel de son propre rite, le prêtre peut célébrer sur un autel consacré d'un autre rite catholique, mais non pas sur les « antimensia » des Grecs.

Texte du Code de droit can.	*Nouveau texte.*
§ 3. - On ne peut pas célébrer sur un autel papal, qu'en vertu d'un indult apostolique.	§ 3. - (. . .).

Note explicative: Le § 3 du présent canon 823 est aboli par le Motu Proprio « Peculiare ius » du 8 février 1966 [54].

Des honoraires de messes.

Can. 824.

Texte du Code de droit can.

§ 1. - Selon l'usage reçu et approuvé par l'Église, il est permis à chaque prêtre qui célèbre et applique la messe de recevoir un honoraire.

§ 2. - Un prêtre, célébrant plusieurs fois la messe le même jour, et appliquant une messe au titre de la justice, ne peut pas recevoir un honoraire pour une autre à l'exception du jour de Noël, mais il lui est permis de recevoir une rétribution motivée pour un travail exstrinsèque à la messe elle-même.

Nouveau texte.

Les Ordinaires du lieu ont la faculté de permettre aux prêtres qui célèbrent dans leur diocèse des messes de binage ou de trinage d'en recevoir les honoraires, en les affectant à des besoins définis par l'évêque diocésain ou de les dire à des intentions, pour lesquelles on aurait dû demander une condonation ou une réduction. Cette faculté ne vaut pas pour les messes binées dans une concélébration.

NOTE EXPLICATIVE: Le nouveau texte ajouté provient du Motu Proprio « Firma in traditione » du 30 juin 1974, n. III, a) [55].

Can. 825.

Texte du Code de droit can.

Il n'est jamais permis:

1° d'appliquer la messe à l'intention de celui qui va demander cette application après avoir donné un honoraire, mais qui ne l'a pas encore demandée, et de retenir ensuite cet honoraire pour la messe dite auparavant;

2° d'accepter un honoraire pour une messe qui est due et appliquée en vertu d'un autre titre;

3° d'accepter un double honoraire pour l'application de la même messe;

4° d'accepter un honoraire pour la seule célébration et un autre pour l'application de la même messe; à moins qu'il soit certain qu'un honoraire a été donné pour la seule célébration sans application.

NOTE EXPLICATIVE: Le présent canon 825 n'a pas subi de changement depuis le Concile Vatican II [56].

Can. 826.

Texte du Code de droit can.

§ 1. - Les honoraires de messes donnés par les fidèles par dévotion personnelle comme de main en main, ou en vertu d'une obligation même perpétuelle faite par le testateur à ses propres héritiers, sont appelés « manuels ».

§ 2. - A « l'instar de manuels » sont les honoraires de messes, fondées, qui ne peuvent pas être appliquées dans le lieu propre ou par ceux qui devraient le faire selon les tables de fondation, et qui, dès lors, en vertu du droit ou par indult du Saint-Siège sont transmis à d'autres prêtres pour que ceux-ci y satisfassent.

§ 3. - Les autres honoraires qui sont prélevés sur des revenus de fondation, sont appelés honoraires de fondation ou de messes fondées.

NOTE EXPLICATIVE: Le présent canon 826 n'a subi aucun changement depuis le Concile Vatican II.

Can. 827.

Texte du Code de droit can.

Même tout semblant de négoce ou de marché doit être écarté en matière d'honoraires des messes.

NOTE EXPLICATIVE: Le présent canon 827 n'a subi aucun changement depuis le Concile Vatican II [57].

Can. 828.

Texte du Code de droit can.

Il faut célébrer et appliquer autant de messes, que d'honoraires, même minimes, ont été donnés et acceptés.

Note explicative: Le présent canon 828 n'a subi aucun changement depuis le Concile Vatican II [58].

Can. 829.

Texte du Code de droit can.

Même si, sans la faute de celui qui doit célébrer, les honoraires de messes déjà perçus périssent, l'obligation ne cesse point.

Note explicative: Le présent canon 829 n'a subi aucun changement depuis le Concile Vatican II [59].

Can. 830.

Texte du Code de droit can.

Si quelqu'un a donné une somme d'argent pour l'application des messes, sans indiquer leur nombre, celui-ci, sera calculé selon le taux et vigueur au lieu où réside le donateur, à moins qu'on doive légitimement présumer que son intention était autre.

Note explicative: Le présent canon 830 n'a subi aucun changement depuis le Concile Vatican II [60].

Can. 831.

Texte du Code de droit can.

§ 1. - Il appartient à l'Ordinaire du lieu de fixer l'honoraire des messes manuelles dans son diocèse, par décret promulgué, autant que possible, en Synode diocésain; il n'est pas permis au prêtre de demander un honoraire supérieur.

§ 2. - A défaut du décret de l'Ordinaire, on observera la coutume du diocèse.

§ 3. - Les religieux, même exempts, doivent, en ce qui concerne cet honoraire, se conformer au décret de l'Ordinaire du lieu ou à la coutume du diocèse.

Note explicative: Le présent canon 831 n'a subi aucun changement depuis le Concile Vatican II.

Can. 832.

Texte du Code de droit can.

Il est permis au prêtre d'accepter un honoraire pour l'application de la messe supérieur au taux fixé, ou même, à moins que l'Ordinaire du lieu l'interdise, un honoraire inférieur.

NOTE EXPLICATIVE: Le présent canon 832 n'a subi aucun changement depuis le Concile Vatican II.

Can. 833.

Texte du Code de droit can.

Normalement on présume que le donateur a demandé seulement l'application de la messe; mais si le donateur a déterminé expressément quelques circonstances à observer dans la célébration de la messe, le prêtre qui accepte l'honoraire est tenu d'observer la volonté du donateur.

Nouveau texte.

A moins que le donateur n'ait expressément indiqué le contraire, dans une messe chantée concélébrée, seul le célébrant principal peut recevoir l'honoraire d'une messe chantée.

NOTE EXPLICATIVE: Le texte ajouté au présent canon 833 provient d'une lettre de la S. Congrégation du Concile du 18 avril 1966 [61].

Can. 834.

Texte du Code de droit can.

§ 1. - Les messes pour lesquelles un temps de célébration a été expressément prescrit par le donateur doivent absolument être dites à ce moment-là.

§ 2. - Si le donateur n'a prescrit expressément aucun temps pour la célébration des messes manuelles:

1° les messes pour une cause urgente doivent être célébrées en temps utile le plus tôt possible;

2° dans les autres cas les messes doivent être célébrées dans un délai assez court, variable selon le nombre plus ou moins grand de messes.

§ 3. - Si le donateur a expressément laissé au jugement du prêtre le temps de la célébration, celui-ci pourra célébrer les messes au moment qu'il lui plaira tout en tenant compte du can. 835.

Nouveau texte.

Les messes dites grégoriennes, qui sont interrompues à cause d'un empêchement imprévu ou d'une autre cause raisonnable, doivent être complétées le plus tôt possible et l'Ordinaire doit prendre soin qu'il n'y ait pas d'abus à ce sujet.

Les Ordinaires du lieu ont la faculté de transférer, pour un juste motif les obligations de messes à des jours, des églises ou des autels différents de ceux qui ont été fixés dans les fondations.

NOTE EXPLICATIVE: Le premier nouveau texte ajouté au présent canon 834 provient d'une déclaration donnée par la S. Congrégation du Concile le 24 février 1967. Le deuxième texte ajouté provient du Motu Proprio « Firma in traditione » du 13 juin 1974, n. III c)[62].

Can. 835.

Texte du Code de droit can.

Personne ne doit accepter des honoraires de messes à célébrer par lui-même auxquels il ne pourrait satisfaire dans l'année.

NOTE EXPLICATIVE: Le présent canon 835 n'a subi aucun changement depuis le Concile Vatican II.

Can. 836.

Texte du Code de droit can.

Dans les églises où, en raison de la dévotion particulière des fidèles, les honoraires de messes affluent tellement que toutes les messes ne peuvent y être célébrées en temps voulu, on avertira les fidèles par une affiche posée en un endroit visible et attirant l'attention, que les messes données seront célébrées soit sur place, lorsqu'on pourra le faire facilement, soit ailleurs.

NOTE EXPLICATIVE: Le présent canon 836 n'a subi aucun changement depuis le Concile Vatican II [63].

Can. 837.

Texte du Code de droit can.

Celui qui a des messes à faire célébrer par d'autres les distribuera le plus tôt possible, tout en tenant compte du can. 841; mais le temps légitime pour leur célébration commence à partir du jour où le prêtre qui doit les célébrer les reçoit, sauf s'il appert du contraire.

NOTE EXPLICATIVE: Le présent canon 837 n'a subi aucun changement depuis le Concile Vatican II.

Can. 838.

Texte du Code de droit can.

Ceux qui ont un nombre de messes dont ils peuvent librement disposer peuvent les transmettre aux prêtres de leur choix, pourvu qu'il leur apparaisse nettement que ces prêtres sont au-dessus de tout soupçon ou sont recommandés par le témoignage de leur Ordinaire propre.

NOTE EXPLICATIVE: Le présent canon n'a subi aucun changement depuis le Concile Vatican II.

Can. 839.

Texte du Code de droit can.

Ceux qui ont reçu des messes de la part des fidèles, ou à qui celles-ci ont été confiées de n'importe quelle manière, et qui les transmettent pour être célébrées par d'autres, sont tenus par l'obligation de ces messes jusqu'au moment où ils ont reçu l'avis que l'obligation de célébrer a été acceptée et que l'honoraire a été reçu.

NOTE EXPLICATIVE: Le présent canon 839 n'a subi aucun changement depuis le Concile Vatican II [64].

Can. 840.

Texte du Code de droit can.

§ 1. - Celui qui transmet à d'autres des honoraires de messes manuelles, doit les transmettre intégralement comme il les a reçus, à moins que le donateur n'ait autorisé expressément d'en retenir une partie ou qu'on soit tout à fait certain que l'excédent au-dessus de la taxe diocésaine a été donné « intuitu personae ».

§ 2. - Quant aux messes à l'instar des messes manuelles, à moins d'intention contraire du fondateur, on peut retenir légitimmement l'excédent, et il suffit de payer seulement l'honoraire des messes manuelles selon le taux du diocèse où elles seront célébrées, lorsque l'honoraire plus abondant tient lieu en partie de la dot du bénéfice ou de l'institution pieuse.

NOTE EXPLICATIVE: Le présent canon 840 n'a subi aucun changement depuis le Concile Vatican II [65].

Can. 841.

Texte du Code de droit can.

§ 1. - Tous ceux qui administrent des institutions pieuses ou qui à un titre quelconque sont chargés de faire célébrer des messes, qu'ils soient ecclésiastiques ou laïcs, doivent, à la fin de chaque année, remettre à leurs Ordinaires, en se conformant à leur indications, les honoraires des messes non célébrées, qu'ils détiennent encore.

§ 2. - Ce temps est à calculer de manière, à ce que l'obligation de déposer les messes à l'instar de manuelles, commence à la fin de l'année durant laquelle elles auraient dû être dites; pour les messes manuelles, elle commence un an après l'acceptation de celébrer, sauf si la volonté des donateurs est différente.

NOTE EXPLICATIVE: Le présent canon 841 n'a subi aucun changement depuis le Concile Vatican II.

Can. 842.

Texte du Code de droit can.

Le droit et le devoir de veiller à ce que les obligations attachées aux messes acceptées soient remplies incombe dans les églises des séculiers à l'Ordinaire du lieu et, dans les églises des religieux, à leurs supérieurs.

NOTE EXPLICATIVE: Le présent canon 842 n'a subi aucun changement depuis le Concile Vatican II.

Can. 843.

Texte du Code de droit can.

§ 1. - Les recteurs d'église et autres lieux pieux, séculiers ou religieux, où on accepte habituellement des honoraires de messes, auront un livre spécial dans lequel ils noteront soigneusement le nombre, l'intention, l'honoraire et la célébration des messes reçues.

§ 2. - Les Ordinaires sont tenus par l'obligation de contrôler ces livres au moins une fois par an par eux-même ou par d'autres.

NOTE EXPLICATIVE: Le présent canon 843 n'a subi aucun changement depuis le Concile Vatican II.

Can. 844.

Texte du Code de droit can.

§ 1. - Les Ordinaires du lieu et les supérieurs religieux qui transmettent à leurs propres sujets ou à d'autres des messes à célébrer inscriront par ordre dans un livre les messes qu'ils ont reçues ainsi que les honoraires de celles-ci, et veilleront selon leurs moyens à ce qu'elles soient célébrées le plus tôt possible.

§ 2. - Tous les prêtres, séculiers ou religieux, doivent noter avec soin les intentions de messes qu'ils ont reçues et celles qu'ils ont acquittées.

NOTE EXPLICATIVE: Le présent canon 844 n'a subi aucun changement depuis le Concile Vatican II.

DU TRÈS SAINT SACREMENT DE L'EUCHARISTIE

Du ministre de la sainte communion.

Can. 845.

Texte du Code de droit can.	*Nouveau texte.*
§ 1. - Le ministre ordinaire de la sainte communion est le seul prêtre.	§ 1. - Les ministres ordinaires de la sainte communion sont le prêtre *et le diacre.*
§ 2. - Le ministre extraordinaire est le diacre, avec la permission de l'Ordinaire ou du curé, à n'accorder que pour une raison grave, mais qu'on peut légitimement présumer en cas de nécessité.	§ 2. - *L'acolythe suffisamment instruit, est le ministre extraordinaire de la sainte communion, quand le prêtre ou le diacre sont absents, ou sont empêchés de distribuer la sainte communion à cause de la maladie, de l'âge avancé ou du ministère pastoral, ou quand le grand nombre des fidèles, qui s'approchent de la sainte table, prolongerait trop la messe ou toute autre action sacrée.*

L'Ordinaire du lieu peut donner à d'autres ministres extraordinaires la faculté de distribuer la sainte communion, toutes les fois qu'il le jugera nécessaire pour l'utilité pastorale des fidèles et qu'il y a ni prêtre, ni diacre, ni acolythe disponible.

NOTE EXPLICATIVE: Le changement introduit au présent canon 845 et le nouveau texte ajouté proviennent du « Sacra communione et de Cultu mysterii eucharistici extra Missam » publié en 1973, n. 17[66].

Can. 846.

Texte du Code de droit can.

§ 1. - Tout prêtre peut donner la sainte communion pendant la messe et, s'il célèbre en privé, même immédiatement avant et après, sauf à observer la prescription du can. 869.

Texte du Code de droit can.	*Nouveau texte.*
§ 2. - En dehors de la messe, tout tout prêtre jouit de la même faculté de par la permission au moins présumée du recteur de l'église, s'il est étranger.	§ 2. - En dehors de la messe, tout prêtre *et diacre jouit* de la même faculté de par la permission au moins présumée du recteur de l'église, s'il est étranger.

NOTE EXPLICATIVE: Le changement introduit au § 2 du présent canon 846 provient du fait que le diacre est le ministre ordinaire pour distribuer la sainte communion [67].

Can. 847.

Texte du Code de droit can.	*Nouveau texte.*
La communion sera portée aux malades publiquement, à moins qu'une cause juste et raisonnable ne conseille le contraire.	(. . .)

NOTE EXPLICATIVE: Bien qu'aucun texte officiel n'ait aboli le présent canon 547, il n'est plus observé. D'ailleurs le nouveau rituel pour porter la sainte communion aux fidèles ne prévoit plus cette communion publique des malades. Cf. « De sacra Communione et de Cultu mysterii eucharistici extra Missam » publié en 1973 nn. 54, 55; ni davantage l'« Ordo Unctionis infirmorum eorumque pastoralis curae » publié en 1972, cf. nn. 46-48.

Can. 848.

Texte du Code de droit can.	*Nouveau texte.*
§ 1. - Le droit et le devoir de porter publiquement la sainte communion en dehors de l'église aux malades même s'ils ne sont pas ses paroissiens, appartient au curé sur son territoire.	§ 2. - (. . .)

§ 2. - Les autres prêtres n'ont ce pouvoir que dans un cas de nécessité, ou avec la permission, au moins présumée, du curé ou de l'Ordinaire.

§ 1. - (. . .)

NOTE EXPLICATIVE: Bien qu'aucun texte officiel n'ait aboli le présent canon 848, il n'est plus observé et le nouveau rituel pour porter la sainte communion aux fidèles ne le prévoit plus: « De sacra communione et de Cultu mysterii eucharistici extra Missam » publié en 1973, nn. 54, 55; « Ordo Unctionis infirmorum eorumque pastoralis curae », publié en 1972, nn. 46-48.

Can. 849.

Texte du Code de droit can.

§ 1. - Tout prêtre peut porter la communione de façon privée aux malades, du consentement au moins présumé du prêtre qui a la garde du très saint sacrement.

§ 2. - Quand on donne la communion de façon privée aux malades, on veillera avec soin au respect et à la décence dues à un si grand sacrement, en observant les normes prescrites par le Siège Apostolique.

Nouveau texte.

§ 1. - Tout prêtre *ou diacre* peut porter la communion (. . .) aux malades du consentement au moins présumé du prêtre qui a la garde du très saint sacrement.

§ 2. - Quand on donne la communion (. . .) aux malades on veillera avec soin au respect et à la décence dues à un si grand sacrement, en observant les normes prescrites par le Siège Apostolique.

Nouveau texte.

Ceux qui assistent le malade, peuvent recevoir la sainte communion avec lui, en observant ce qui doit être observé de par le droit.

NOTE EXPLICATIVE: Le texte ajouté au § 1 du présent canon 849 provient du fait que le diacre est devenu le ministre ordinaire de la sainte communion. Qu'on ne parle plus de la sainte communion « de façon privée » provient du fait qu'a été abolie la distinction entre le port de la sainte communion aux malades de façon publique et de façon privée telle que la statuaient les canons 847, 848. Le nouveau texte ajouté au présent canon provient de « Ordo Unctionis infirmorum eorumque pastoralis curae » publié en 1972, n. 46[68].

Can. 850.

Texte du Code de droit can.	*Nouveau texte.*
Il appartient au curé de porter de façon publique ou privée le viatique aux malades selon la règle du can. 848 sauf application des can. 397, n. 3. 514 §§ 1-3.	*Les ministres ordinaires du viatique sont le curé et ses coopérateurs, le prêtre qui a soin des malades dans une maison de santé et le supérieur d'une communauté religieuse cléricale.*

Nouveau texte.

En cas de nécessité, n'importe quel prêtre peut administrer le viatique, avec la permission au moins présumée du ministre compétent. Quad il y a manque de prêtre, le viatique peut être porté aux malades par un diacre ou un autre fidèle, qui, par autorité du Siège Apostolique, est dûment député par l'évêque pour distribuer l'Eucharistie aux fidèles.

NOTE EXPLICATIVE: Les nouveaux textes du présent canon 850 proviennent de « Ordo Unctionis infirmorum eorumque pastoralis curae » publié en 1972, n. 29.

Can. 851.

Texte du Code de droit can.	*Nouveau texte.*
§ 1. - Le prêtre distribuera la sainte communion avec du pain azyme ou du pain fermenté, conformément à son rite propre.	§ 1. - Le *ministre* distribuera la sainte communion avec du pain azyme ou du pain fermenté, conformément à son rite propre.

§ 2. - En cas de nécessité en l'absence d'un prêtre d'un autre rite il est permis au prêtre oriental, qui emploie du pain fermenté, d'administrer l'Eucharistie avec du pain azyme et au prêtre latin ou oriental qui emploie du pain azyme d'administrer l'Eucharistie avec du pain fermenté; mais chacun doit observer son rite dans l'administration de la communion.

§ 2. - En cas de nécessité et en l'absence *d'un ministre* d'un autre rite, il est permis au *ministre* oriental qui emploie du pain fermenté d'administrer l'Eucharistie avec du pain azyme et *au ministre* latin ou oriental qui emploie du pain azyme d'administrer l'Eucharistie avec du pain fermenté; mais chacun doit observer son rite dans l'administration de la communion.

NOTE EXPLICATIVE: Le changement introduit au présent canon 851 provient du fait que non seulement le prêtre mais aussi le diacre et d'autres fidèles peuvent distribuer la sainte communion, tel qu'il a été exposé dans les canons précédents [69].

Can. 852.

Texte du Code de droit can.

On donnera la sainte Eucharistie sous la seule espèce du pain.

Nouveau texte.

La sainte communion peut être distribuée sous les deux espèces selon le jugement de l'Ordinaire et après la catéchèse requise:

1° aux néophytes et néo-confirmés adultes durant la messe de leur baptême ou de leur confirmation et aux baptisés qui sont reçus dans la communion avec l'Eglise;

2° aux époux dans la messe de mariage et leur messe de jubilé;

3° aux ordonnés dans la messe de l'ordination;

4° à l'abbesse dans la messe de sa bénédiction et la messe de jubilé;

5° aux vierges dans la messe de leurs consécration et la messe de jubilé;

6° aux profès et leurs parents, amis et confrères dans la

messe de première profession religieuse, de renouvellement de la profession perpétuelle et la messe de jubilé;

7° aux auxiliaires laïcs des missions dans la messe où ils reçoivent publiquement leur mission et à tout ceux qui reçoivent une mission d'Eglise au cours de la messe;

8° aux malades qui reçoivent le viatique et aux assistants, lorsque la messe conformément au droit est célébrée chez le malade;

9° au diacre et aux autres ministres exerçant leurs fonction dans une messe avec chants;

10° à ceux même laïcs qui exercent un ministère liturgique durant une messe concélébrée;

11° aux séminaristes qui assistent à une messe concélébrée;

12° dans leurs églises, au cours d'une messe concélébrée, aux membres d'un Institut professant les conseils évangeliques et des autres sociétés dans lesquelles on se consacre à Dieu par des voeux religieux, une oblation ou une promesse, en outre à ceux qui demeurent jour et nuit dans la maison des membres de ces instituts et sociétés;

13° aux prêtres qui assistent à de grandes célébrations et ne peuvent pas célébrer ou concélébrer la messe;

14° aux retraitants ou à ceux qui participent à des congrès pastoraux dans la messe qui est célébrée pour eux;

15° au parrain, à la marraine, aux parents, au conjoint et aussi aux catéchistes laïcs d'un baptisé adulte, dans la messe de son initiation;

16° aux parents, familiers, bienfaiteurs insignes qui participent à la messe d'un nouveau prêtre;

17° aux membres des communautés à la messe conventuelle ou communautaire.

En cas de nécessité du jugement de l'évêque il est permis d'administrer l'eucharistie sous la seule espèce du vin à ceux qui ne peuvent pas la recevoir sous l'espèce de pain.

NOTE EXPLICATIVE: Les textes ajoutés au présent canon 852 proviennent de l'Instruction « Sacramentalis Communio » du 26 juin 1970. Appendice. A consulter aussi « De sacra Communione et de Cultu mysterii eucharistici extra Missam » publié en 1973, n. 55 [70].

Du sujet de la sainte communion.

Can. 853.

Texte du Code de droit can.

Tout baptisé, à qui ce n'est pas interdit par le droit, peut et doit être admis à la sainte communion.

NOTE EXPLICATIVE: Le présent canon 853 n'a subi aucun changement depuis le Concile Vatican II [71].

Can. 854.

Texte du Code de droit can.

§ 1. - On ne donnera pas la sainte eucharistie aux enfants qui, à cause de la faiblesse de leur âge, n'ont pas encore la connaissance et le goût de ce sacrement.

§ 2. - Quand les enfants sont en danger de mort, on peut et on doit leur donner la communion, s'il savent distinguer le Corps du Christ d'un aliment ordinaire et l'adorer avec respect.

§ 3. - En dehors du danger de mort, il faut qu'ils reçoivent une instruction plus pleine de la doctrine chrétienne et une préparation plus soignée, qui leur permette d'avoir une connaissance appropriée à leur âge des mystères de la foi nécessaires de nécessité de moyen pour le salut et il faut qu'ils s'approchent de la sainte eucharistie avec la dévotion qui convient à leur âge.

§ 4. - C'est au confesseur et aux parents ou à ceux qui tiennent leur place qu'il appartient de juger si les enfants ont les dispositions suffisantes pour faire la première communion.

§ 5. - Mais il revient au curé de veiller, même par un examen, s'il le juge opportun, à ce que les enfants ne s'approchent pas de la sainte Table avant d'avoir l'usage de la raison ou sans les dispositions suffisantes; et de s'assurer aussi que ceux qui ont cet usage et ces dispositions reçoivent au plus tôt cette divine nourriture.

NOTE EXPLICATIVE: Le présent canon 854 n'a subi aucun changement depuis le Concile Vatican II [72].

Can. 855.

Texte du Code de droit can.

§ 1. - Sont à écarter de la sainte communion ceux qui sont publiquement indignes, tels que les excommuniés, les interdits et ceux qui sont manifestement frappés d'infamie, à moins que leur pénitence et leur amendement ne soient évidents et qu'ils n'aient d'abord réparé leur scandale public.

§ 2. - Quant aux pécheurs occultes, s'ils demandent la communion en secret et si le ministre sait qu'ils ne se sont pas convertis, il doit les repousser; mais non s'ils la demandent en public et qu'il ne peut pas la leur refuser sans provoquer un scandale.

Nouveau texte.

Etant sauve la norme du can. 731, les évêques peuvent déterminer pour chaque situation particulière l'admission à la communion eucharistique catholique des chrétiens qui, ayant en ce sacrement une foi conforme à celle de l'Église, ressentent un sérieux besoin spirituel de la nourriture de l'Eucharistie, mais qui ne peuvent pendant un temps prolongé recourir à un ministre de leur propre communauté et demandent spontanément ce sacrement, en y étant convenablement disposés et qui ont une conduite digne d'un chrétien.

NOTE EXPLICATIVE: Le nouveau texte ajouté au présent canon 855 provient de la note du Secrétariat pour l'unité des chrétiens du 17 octobre 1973 n. 6 qui se fonde sur le Décret « Unitatis redintegratio » nn. 8, 27 et sur le « Directorium oecumenicum » du même Secrétariat pour l'unité des chrétiens du 14 mai 1967 « Ad totam Ecclesiam » nn. 44, 55 [73].

Can. 856.

Texte du Code de droit can.

Celui qui a la conscience chargée d'un péché mortel même s'il pense avoir la contrition ne s'approchera pas de la sainte communion, sans s'être auparavant confessé sacramentellement;

mais, en cas de nécessité et d'absence de confesseur, il fera d'abord un acte de contrition parfaite.

NOTE EXPLICATIVE: Le présent canon 856 n'a subi aucun changement depuis le Concile Vatican II [74].

Can. 857.

Texte du Code de droit can.

Que personne ne soit autorisé à recevoir la sainte eucharistie s'il l'a déjà reçue le même jour, sauf dans les cas prévus au can. 858, § 1.

Nouveau texte.

Les fidèles cependant qui la veille des dimanches et des jours de fêtes de précepte assistent à la messe du soir pour satisfaire au précepte d'entendre la messe peuvent y communier même si le matin du même jour de la vigile ils ont déjà communié.

De même ceux qui ont assisté à la messe de la vigile de Pâques, à la messe de minuit de la Nativité du Seigneur ou à la messe chrismale le jeudi-saint peuvent encore communier à la messe du jour de Pâques, à l'une des Messes de Noël et à la messe du soir le jeudi-saint. Aussi ceux qui assistent:

1° aux messes « rituelles » au cours desquelles sont administrés les sacrements de baptême, confirmation, onction des malades, ordre ou mariage et aux messes de première communion;

2° aux messes de consécration d'une église ou d'un autel, de profession religieuse, de collation d'une « mission canonique »;

3° aux messes suivantes des défunts: obsèques, messe célébrée après l'annonce de la mort, à la dernière cérémonie de sépulture du défunt, au premier jour anniversaire;

4° à la messe principale célébrée dans l'église cathédrale ou paroissiale le jour de la fête du corps et du sang du Christ et le jour de la visite pastorale; à la messe célébrée par le supérieur majeur religieux à l'occasion de la visite canonique, de réunions particulières ou de chapitres;

5° à la messe principale d'un congrès eucharistique ou marial, qu'il soit international ou national, régional ou diocésain;

6° à la messe principale d'un congrès, d'un pèlerinage ou — comme on dit — d'une prédication populaire;

7° lors de l'administration du viatique, la communion pouvant alors être distribuée aux personnes de la famille et aux amis du malade qui sont présents;

8° en plus des cas cités ci-dessus, les ordinaires des lieux peuvent concéder ad actum la faculté de recevoir la communion deux fois le même jour chaque fois que cette répétition de la communion est jugée légitime par ces mêmes ordinaires en raison de circonstances vraiment particulières, conformément aux normes de la présente instruction.

NOTE EXPLICATIVE: Le texte ajouté au présent canon 857 provient de l'Instruction de la S. Congrégation des Rites « Eucharisticum mysterium » du 25 mai 1967, n. 28 et de l'Instruction de la même S. Congrégation « Tres abhinc annos », du 4 maii 1967, n. 14; « Immensae caritatis » de la S. Congrégation pour la discipline des Sacrements du 29 janvier 1973, nn. 1-8 [75].

Can. 858.

Texte du Code de droit can.

§ 1. - Celui qui n'a pas observé le jeûne naturel depuis minuit, ne peut être admis à la sainte eucharistie, à moins de péril de mort ou de nécessité d'empêcher une irrévérence à l'égard du sacrament.

§ 2. - Les malades, cependant, qui sont alités depuis un mois sans une espoir certain d'une prompte convalescence, peuvent, de l'avis prudent de leur confesseur, recevoir la très sainte eucharistie une ou deux fois par semaine, après avoir pris quelque médecine on quel-

Nouveau texte.

Le jeûne eucharistique tant en ce qui concerne les aliments solides que les boissons mêmes alcooliques commence une heure avant la sainte communion en gardant cependant le modération voulue.

que chose sous forme de breuvage.

NOTE EXPLICATIVE: Le changement du présent canon 858 provient d'une déclaration du Souverain Pontife faite le 21 novembre 1964. Le rite pour distribuer la sainte communion aux malades est indiqué dans « De sacra communione et de Cultu mysterii eucharistici extra missam » publié en 1973 [76].

Can. 859.

Texte du Code de droit can.

§ 1. - Tout fidèle de l'un ou de l'autre sexe, dès qu'il a atteint l'âge de discrétion, c'est-à-dire l'usage de raison, doit recevoir le sacrement de l'eucharistie une fois par an, au moins à Pâques, à moins que, sur le conseil de son propre prêtre, pour un motif raisonnable, il estime devoir s'en abstenir temporairement.

§ 2. - Le temps pendant lequel on peut faire la communion pascale va du dimanche des Rameaux au dimanche « in Albis »; mais, si des circonstances personnelles ou locales l'exigent, les Ordinaires des lieux peuvent anticiper ce temps pour tous leurs fidèles, pas toutefois avant le quatrième dimanche de carême, ou le proroger, mais pas au delà de la fête de la sainte Trinité.

§ 3. - On doit encourager les fidèles à satisfaire ce précepte dans leur propre paroisse; ceux qui y satisfont dans une autre paroisse, auront soin d'avertir leur propre curé de l'accomplissement de ce précepte.

§ 4. - L'obligation du précepte de la communion pascale urge toujours si quelqu'un, pour quelque motif que ce soit, ne l'a pas accompli au temps prescrit.

NOTE EXPLICATIVE: Le présent canon 859 n'a subi aucun changement depuis le Concile Vatican II [77].

Can. 860.

Texte du Code de droit can.

L'obligation du précepte de recevoir la communion qui incombe à ceux qui n'ont pas atteint la puberté, retombe aussi et principalement sur ceux qui doivent avoir soin d'eux, c'est-à-dire les parents, les tuteurs, les confesseurs, les instituteurs et le curé.

NOTE EXPLICATIVE: Le présent canon 860 n'a subi aucun changement depuis le Concile Vatican II.

Can. 861.

Texte du Code de droit can.

On ne satisfait pas au précepte de communier par une communion sacrilège.

NOTE EXPLICATIVE: Le présent canon 861 n'a subi aucun changement depuis le Concile Vatican II.

Can. 862.

Texte du Code de droit can.

— Il convient que le jeudi de la semaine sainte, tous les clercs, même les prêtres qui, ce jour-là, ne célèbrent pas la sainte messe, reçoivent en nourriture le très saint Corps du Christ à la messe solennelle ou conventuelle.

Nouveau texte.

Il convient que le jeudi-saint, tous les clercs, mêmes les prêtres qui ce jour-là ne célèbrent *ou ne concèlèbrent pas,* recoivent en nourriture le très saint Corps du Christ à la messe solennelle ou conventuelle.

NOTE EXPLICATIVE: Le changement au présent canon 862 provient de la Constitution « Sacrosanctum Concilium » n. 57 et de l'Instruction de la S. Congrégation des Rites « Eucharisticum mysterium » du 25 mai 1967.

Can. 863.

Texte du Code de droit can.

On doit inciter les fidèles à recevoir souvent, et même tous les jours, le pain eucharistique selon les normes des Décrets du Siège Apostolique afin que ceux qui assistent à la messe se nourissent non pas seulement en esprit mais aussi, dûment disposés, sacramentellement de la sainte eucharistie.

NOTE EXPLICATIVE: Le présent canon 863 n'a subi aucun changement depuis le Concile Vatican II, mais on insiste beaucoup sur la participation active des fidèles à la sainte messe et à la réception de la sainte communion à la messe dans l'Instruction de la S. Congrégation des Rites « Eucharisticum mysterium » du 25 mai 1967, nn. 31, 33, 36, 37 et dans le document « De sacra communione et de Cultu mysterii eucharistici extra Missam » publié en 1973, n. 14[78].

Can. 864.

Texte du Code de droit can.

§ 1. - En cas de danger de mort, quelle qu'en soit la cause, les fidèles sont tenus par le précepte de recevoir la sainte communion.

§ 2. - Même s'ils ont déjà reçu le même jour la sainte communion, on doit les persuader de communier encore en cas de danger de mort.

§ 3. - Tant que dure le péril de mort, il est permis et il est convenable, selon le conseil d'un confesseur prudent, de recevoir le Viatique plusieurs fois, à des jours distincts.

NOTE EXPLICATIVE: Le présent canon 864 n'a subi aucun changement depuis le Concile Vatican II[79].

Can. 865.

Texte du Code de droit can.

On ne doit pas trop différer le saint Viatique aux malades; et ceux qui ont charge d'âmes veilleront soigneusement à ce que les malades le recoivent en pleine connaissance.

Nouveau texte.

S'il est possible, le Viatique sera reçu durant la sainte messe, de sorte que le malade puisse communier sous les deux espèces.

NOTE EXPLICATIVE: Le nouveau texte ajouté au présent canon 865 provient de « Ordo Unctionis infirmorum » publié en 1972, n. 26.

Can. 866.

Texte du Code de droit can.

§ 1. - Tous les fidèles de n'importe quel rite ont la permission, pour motif de piété de recevoir le sacrement de l'eucharistie consacrée dans n'importe quel rite.

§ 2. - On doit, cependant, les persuader de remplir le précepte de la communion pascale dans leur propre rite.

§ 3. - Les moribonds doivent recevoir le Viatique dans leur propre rite; mais en cas de nécessité ils peuvent le recevoir dans n'importe quel rite.

NOTE EXPLICATIVE: Le présent canon 866 n'a subi aucun changement depuis le Concile Vatican II [80].

Du temps et du lieu de la distribution de la sainte communion.

Can. 867.

Texte du Code de droit can.

§ 1. - On peut distribuer la sainte eucharistie tous les jours.

§ 2. - Le vendredi de la semaine sainte il est permis seulement de porter le Viatique aux malades.

§ 3. - Le samedi-saint, la communion ne peut être distribuée aux fidèles que pendant la messe solennelle, ou immédiatement après.

§ 4. - La sainte communion sera distribuée aux heures auxquelles peut être célébré le sacrifice de la messe, à moins qu'une cause raisonnable suggère d'agir autrement.

§ 5. - Le saint Viatique peut être administré à toute heure du jour ou de la nuit.

Nouveau texte.

Le jeudi-saint, on peut distribuer la communion seulement durant la messe, mais, aux malades, on peut la porter à n'importe quelle heure de la journée.

Le vendredi-saint l'après-midi, les moniales peuvent recevoir la sainte communion même en dehors de la célébration eucharistique, et les malades peuvent la recevoir toute la journée. Les fidèles peuvent la recevoir durant la cérémonie de cette journée.

Le samedi-saint en dehors de la messe on peut distribuer la sainte communion seulement aux malades comme Viatique.

NOTE EXPLICATIVE: Le nouveau texte ajouté au présent canon 867 provient d'un Décret de la S. Congrégation des Rites du 1 février 1963; de « De sacra communione et de Cultu mysterii eucharistici », publié en 1973, n. 16. Quant au § 4 du présent canon il reste en vigueur, mais il a subi en pratique des changements du fait que les Ordinaires peuvent permettre, ainsi que les Supérieurs majeurs par délégation du supérieur général, avec le consentement de son conseil, la célébration de la messe à toute heure du jour et que, par conséquent, dans leurs diocèses ou dans leurs maisons religieuses, on peut distribuer la sainte communion à toute heure (cfr can. 821, § 1) [81].

Can. 868.

Texte du Code de droit can.

Il n'est pas permis au prêtre célébrant de distribuer l'eucharistie pendant la messe à des fidèles si éloignés qu'il perde luimême l'autel de vue.

NOTE EXPLICATIVE: Le présent canon 868 n'a subi aucun changement depuis le Concile Vatican II [82].

Can. 869.

Texte du Code de droit can.

— On peut distribuer la sainte communion partout où

Nouveau texte.

Le lieu où la sainte communion peut être distribuée en

on peut célébrer la messe, même dans un oratoire privé, à moins que l'Ordinaire ne l'interdise pour de justes motifs dans des cas particuliers.

dehors de la messe est l'église ou l'oratoire où l'eucharistie est célébrée ou conservée habituellement, ou bien l'église ou l'oratoire ou un autre lieu où la communauté locale se réunit habituellement pour les réunions liturgiques les dimanches ou les autres jours. Cependant dans d'autres lieux, et même dans les maisons privées, on peut donner la sainte communion quand il s'agit de malades, de captifs ou d'autres personnes, qui ne peuvent pas sortir sans danger ou grave difficulté.

NOTE EXPLICATIVE: Le nouveau texte du présent canon 869 provient du Décret « De sacra communione et de Cultu mysterii eucharistici extra Missam » publié en 1973, n. 18.

DE LA PÉNITENCE

Can. 870.

Texte du Code de droit can.

Dans le sacrement de pénitence, les péchés commis après le baptême sont remis au fidèle dûment disposé au moyen de l'absolution judiciaire accordée par le ministre légitime.

NOTE EXPLICATIVE: Le présent canon 870 n'a subi aucun changement depuis le Concile Vatican II. On consultera utilement:

la Constitution « Sacrosanctum Concilium », n. 10 b;
la Constitution « Lumen Gentium », nn. 11, 26;
le Décret « Presbyterorum ordinis », n. 5;
la Constitution « Regimini Ecclesiae universae » du 15 août 1967, n. 36;
le Décret « Reconciliationi inter Deum » du 2 décembre 1973 de la S. Congrégation pour le Culte divin, qui publie le « Ordo Paenitentiae », Praenotanda, n. 9;
les Normes « Sacramentum Paenitentiae » du 16 juin 1972 publiées par la S. Congrégation pour la Doctrine de la Foi, n. IV [83].

Du ministre du sacrement de pénitence

Can. 871.

Texte du Code de droit can.

Le ministre de ce sacrement est le seul prêtre.

NOTE EXPLICATIVE: Le présent canon 871 n'a subi aucun changement depuis le Concile Vatican II [84].

Can. 872.

Texte du Code de droit can.

En dehors du pouvoir d'ordre, pour l'absolution valide des péchés, il faut chez le ministre un pouvoir de juridiction, ordinaire ou délégué, sur le pénitent.

NOTE EXPLICATIVE: Le présent canon 872 n'a subi aucun changement depuis le Concile Vatican II [85].

Can. 873.

Texte du Code de droit can.

§ 1. - En dehors du Souverain pontife, les cardinaux de la Sainte Église romaine ont la juridiction ordinaire pour entendre les confessions dans l'Eglise universelle; les Ordinaires de lieu, les curés et ceux qui leur sont assimilés l'ont chacun dans leur territoire.

Nouveau texte.

§ 1. - En dehors du Souverain pontife, les cardinaux de la Sainte Église romaine, *les évêques résidentiels et titulaires,* ont la juridiction ordinaire pour entendre les confessions dans l'Eglise universelle; (. . .) les curés et ceux qui leur sont assimilés l'ont chacun dans leur territoire.

Texte du Code de droit can.

§ 2. - Jouissent également d'une juridiction ordinaire le chanoine pénitencier, même d'une église collégiale, conformément au can. 401, § 1, ainsi que les supérieurs exempts vis-à-vis de leurs sujets, conformément aux constitutions.

§ 3. - Cette juridiction cesse par la perte de la fonction, conformément au can. 183, et après une sentence condamnatoire ou déclaratoire d'excommunication, de suspense ab officio, d'interdit.

NOTE EXPLICATIVE: Le changement introduit au § 1 du présent canon 873 provient du Motu Proprio « Pastorale munus » du 30 novembre 1963, n. II, 2. Il faut noter cependant qu'aussi bien pour les cardinaux que pour les évêques, cette jurisdiction ordinaire n'est pas délégable. Bien que, par les facultés données par le document « Cum admotae » du 6 novembre 1964, n. 13, les Supérieurs généraux des Instituts cléricaux aient reçu la même faculté que les Supérieurs des Instituts religieux exempts, il faut cependant noter que leur juridiction est, non pas ordinaire, mais déléguée par le Saint-Siège. C'est pourquoi ils ne sont pas mentionnés dans le § 2 du présent texte [86].

Can. 874.

Texte du Code de droit can.

§ 1. - La juridiction déléguée pour recevoir la confession des personnes séculières ou religieuses est donnée par l'Ordinaire du lieu où les confessions sont entendues, tant aux séculiers qu'aux religieux exempts; mais les religieux n'en feront point usage sans la permission au moins présumée de leur supérieur, la prescription du can. 519 étant maintenue.

§ 2. - Les Ordinaires du lieu ne donneront pas habituellement le pouvoir de confesser à des religieux qui ne sont pas présentés par leur propre supérieur; et à ceux ainsi présentés ils ne le leur refuseront pas sans motif grave, la prescription du can. 877 demeurant maintenue.

NOTE EXPLICATIVE: Le présent canon 874 n'a subi aucun changement depuis le Concile Vatican II [87].

Can. 875.

Texte du Code de droit can.

§ 1. - Dans une religion recléricale exempte, le supérieur propre peut également conférer juridiction déléguée pour entendre les confessions des profès, des novices, et de tous ceux dont parle le can. 514, § 1; il peut la concéder même à des prêtres séculiers ou à des religieux d'un autre institut.

Nouveau texte.

§ 1. - Dans un institut religieux (. . .) le supérieur propre peut également conférer la juridiction déléguée pour entendre les confessions des profès, des novices, et de tous ceux dont parle le can. 514, § 1; il peut la concéder même à des prêtres séculiers ou à des religieux d'un autre institut, **mais le supérieur d'un institut non exempt ne peut leur concéder cette juridiction, quand ils ne sont pas approuvés par leur Ordinaire ou leur supérieur majeur.**

Texte du Code de droit can.

§ 2. - Dans un institut religieux laïc exempt, le supérieur propose le confesseur, mais celui-ci doit obtenir la juridiction de l'Ordinaire du lieu où se trouve la maison religieuse.

NOTE EXPLICATIVE: Le changement introduit dans le § 1 du présent canon 875 provient des Facultés « Cum admotae » du 6 novembre 1964, n. 12. Il faut cependant noter que la faculté est donnée au supérieur général d'un institut clérical non-exempt, qui peut déléguer cette faculté aux autres supérieurs majeurs de son institut avec le consentement de son Conseil [88].

Can. 876.

Texte du Code de droit can.	*Nouveau texte.*
§ 1. - Toute loi particulière ou tout privilège contraire étant abrogés, les prêtres tant séculiers que religieux, ayant n'importe quelle dignité ou office, ont besoin d'une juridiction particulière pour recevoir validement et licitement les confessions des religieuses ou des novices féminines, les prescriptions des can. 239, § 1, 1°, 522 et 523 demeurant sauves.	§ 1. - (. . .)
§ 2. - Cette juridiction est conférée par l'Ordinaire du lieu où la maison religieuse est située, conformément au can. 525.	§ 2. - (. . .)

NOTE EXPLICATIVE: La suppression du présent canon 876 provient du Décret de la S. Congrégation pour les religieux et les instituts séculiers « Dum canonicarum legum » du 8 décembre 1970, n. 4, a. Il demeure évident que le prêtre doit avoir la juridiction dans le diocèse où il entend la confession des religieuses [89].

Can. 877.

Texte du Code de droit can.

§ 1. - Les Ordinaires du lieu n'accorderont la juridiction, les supérieurs religieux ne donneront la juridiction ou la permission d'entendre les confessions qu'à ceux qui seront reconnus idoines par un examen, à moins qu'il ne s'agisse d'un prêtre dont ils connaissent par ailleurs la science théologique.

§ 2. - Si après la concession de cette juridiction ou licence, ils ont une raison de douter que le prêtre approuvé par eux continue à être idoine, ils le forceront à un nouvel examen, même s'il s'agit d'un curé ou d'un chanoine pénitencier.

NOTE EXPLICATIVE: Le présent canon 877 n'a subi aucun changement depuis le Concile Vatican II.

Can. 878.

Texte du Code de droit can.

§ 1. - La juridiction déléguée ou la permission d'entendre les confessions peuvent être concédées avec certaines restrictions.

§ 2. - Les Ordinaires du lieu et les supérieurs religieux ne limiteront toutefois pas à l'excès cette juridiction ou cette permission, sans motif raisonnable.

NOTE EXPLICATIVE: Le présent canon 878 n'a subi aucun changement depuis le Concile Vatican II.

Can. 879.

Texte du Code de droit can.

§ 1. - Pour entendre validement les confessions, il faut une juridiction accordée par écrit ou de vive voix.

§ 2. - On ne peut rien exiger pour la concession de la juridiction.

NOTE EXPLICATIVE: Le présent canon 879 n'a subi aucun changement depuis le Concile Vatican II.

Can. 880.

Texte du Code de droit can.

§ 1. - L'Ordinaire du lieu ou le supérieur religieux ne révoqueront ou ne suspendront la jurisdiction ou la permission pour entendre les confessions que pour une cause grave.

§ 2. - Et pour des causes graves l'Ordinaire peut même interdire au curé ou au chanoine pénitencier la charge de confesser, sauf recours non suspensif au Saint-Siège.

§ 3. - Il n'est pas permis à l'évêque, sans consulter le Saint-Siège, d'enlever la juridiction à tous les confesseurs d'une même maison religieuse, s'il s'agit d'une maison formée.

Note explicative: Le présent canon 880 n'a subi aucun changement depuis le Concile Vatican II.

Can. 881.

Texte du Code de droit can.

§ 1. - Les prêtres du clergé séculier et régulier approuvés en un certain endroit pour les confessions, qu'ils possèdent la juridiction ordinaire ou déléguée, peuvent validement et licitement absoudre même les « vagi » et les pérégrins venant d'un autre diocèse ou d'une autre paroisse, de même que les catholiques de rite oriental.

§ 2. - Ceux qui ont le pouvoir ordinaire d'absoudre peuvent absoudre leurs sujets partout.

Note explicative: Le présent canon 881 n'a subi aucun changement depuis le Concile Vatican II [90].

Can. 882.

Texte du Code de droit can.

En péril de mort, tous les prêtres, quoique non approuvés pour les confessions, absolvent validement et licitement n'importe quels pénitents de tous péchés ou censures, quoique réservés ou notoires, même si un prêtre approuvé est présent, les prescriptions des can. 884 et 2252 demeurant sauves.

NOTE EXPLICATIVE: Le présent canon 882 n'a subi aucun changement depuis le Concile Vatican II [91].

Can. 883.

Texte du Code de droit can.

§ 1. - Tous les prêtres faisant un voyage maritime, pourvu qu'ils aient reçu normalement la faculté d'entendre les confessions, soit de leur propre Ordinaire, soit de l'Ordinaire du port où ils prennent le navire, soit de l'Ordinaire d'un port d'escale quelconque, peuvent, pendant tout le voyage, entendre les confessions de tous les fidèles naviguant avec eux, quoique le navire passe ou même s'arrête en des lieux soumis à la juridiction de divers Ordinaires.

§ 2. - Chaque fois que le navire fait escale, le prêtre voyageant en mer peut recevoir les confessions tant des fidèles qui montent sur le navire pour n'importe quel motif, que de ceux qui lui demandent de se confesser alors qu'il est descendu pour peu de temps à terre; il peut absoudre validement les uns et les autres des cas réservés à l'Ordinaire du lieu.

Nouveau texte.

Les prescriptions du canon ci-dessus s'appliquent et sont étendues, cependant avec les clauses convenables, aux prêtres qui font un voyage aérien.

NOTE EXPLICATIVE: Le nouveau texte ajouté au présent canon 883 provient du Motu Proprio « Animarum studio » 18 décembre 1947 [92].

Can. 884.

Texte du Code de droit can.

L'absolution du complice dans un péché impur est invalide, sauf en péril de mort; et même en ce péril, sauf cas de nécessité, elle est illicite de la part du confesseur conformément aux Constitutions apostoliques, et spécialement à celle de Benoît XIV, « Sacramentum Poenitentiae », du 1er juin 1741.

NOTE EXPLICATIVE: Le présent canon 884 n'a subi aucun changement depuis le Concile Vatican II.

Can. 885.

Texte du Code de droit can.

Quoique les prières ajoutées par l'Église à la formule d'absolution ne soient pas nécessaires pour obtenir l'absolution, néanmoins elles ne seront point omises sans juste cause.

Nouveau texte.

Quand la nécessité pastorale le conseille, le prêtre peut omettre ou abréger certaines parties du Rituel, cependant il faut toujours conserver la confession des péchés, l'acceptation de la satisfaction, l'invitation à la contrition, la formule de l'absolution et la formule du renvoi. En cas de danger imminent de mort il suffit que le prêtre dise les paroles essentielles de la formule d'absolution.

NOTE EXPLICATIVE: Le nouveau texte du présent canon 885 provient de l'« Ordo Poenitentiae », publié en 1973, Praenotanda, n. 21 [93].

Can. 886.

Texte du Code de droit can.

Si le confesseur n'a pas de raisons de douter des dispositions du pénitent, et si celui-ci demande l'absolution, elle ne peut être refusée ni différée.

NOTE EXPLICATIVE: Le présent canon 886 n'a subi aucun changement depuis le Concile Vatican II [94].

Can. 887.

Texte du Code de droit can.

Le confesseur imposera, selon la qualité et le nombre des péchés, ainsi que la condition du pénitent, des satisfactions salutaires et convenables; le pénitent devra les recevoir volontiers et les accomplir par lui-même.

NOTE EXPLICATIVE: Le présent canon 887 n'a subi aucun changement depuis le Concile Vatican II [95].

Can. 888.

Texte du Code de droit can.

§ 1. - Le prêtre se souviendra, en entendant les confessions, qu'il tient à la fois un rôle de juge et de médecin, et qu'il est constitué en même temps ministre de la justice et de la miséricorde divines afin de veiller à l'honneur de Dieu et au salut des âmes.

§ 2. - Il évitera absolument de demander le nom du complice, ou de presser quelqu'un de questions curieuses et inutiles, surtout concernant le sixième commandement; il n'interrogera pas imprudemment les jeunes au sujet de choses qu'ils ignorent.

NOTE EXPLICATIVE: Le présent canon 888 n'a subi aucun changement depuis le Concile Vatican II.

Can. 889.

Texte du Code de droit can.

§ 1. - Le secret sacramentel est inviolable; c'est pourquoi le confesseur veillera diligemment à ne trahir le pécheur ni par parole, ni par signe, ni d'une autre façon, pour n'importe quel motif.

§ 2. - L'interprète, et tous ceux qui ont eu connaissance de n'importe quelle façon d'une confession, sont également tenus par l'obligation du secret sacramentel.

NOTE EXPLICATIVE: Le présent canon 889 n'a subi aucun changement depuis le Concile Vatican II [96].

Can. 890.

Texte du Code de droit can.

§ 1. - Est absolument interdit au confesseur tout usage de la science acquise en confession au détriment du pénitent, même tout péril de révélation étant exclu.

§ 2. - Les supérieurs en fonction aussi bien que les confesseurs qui deviennent ensuite supérieurs ne peuvent employer en aucune façon pour le gouvernement extérieur la connaissance des péchés qu'ils ont eue par la confession.

NOTE EXPLICATIVE: Le présent canon 890 n'a subi aucun changement depuis le Concile Vatican II.

Can. 891.

Texte du Code de droit can.

Le maître des novices et son adjoint, le supérieur de séminaire ou de collège, n'entendront pas les confessions des élèves habitant avec eux la même maison, sauf si ceux-ci le demandent pour une cause grave et urgente dans des cas particulier, et de façon spontanée.

NOTE EXPLICATIVE: Le présent canon 891 n'a subi aucun changement depuis le Concile Vatican II.

Can. 892.

Texte du Code de droit can.

§ 1. - Les curés, et tous ceux à qui une charge d'âmes est confiée en vertu de leur fonction, sont tenus par une grave obligation de justice d'entendre par eux-mêmes ou par autrui les confessions des fidèles qui leur sont confiés, chaque fois que ceux-ci le demandent raisonnablement.

§ 2. - En cas d'urgente nécessité, tous les confesseurs sont tenus par l'obligation de charité d'entendre les confessions des fidèles, et en péril de mort tous les prêtres.

Note explicative: Le présent canon 892 n'a subi aucun changement depuis le Concile Vatican II. On lira utilement le Décret « Christus Dominus » n. 30, 2 et le Décret « Presbyterorum ordinis » n. 13 [97].

Des péchés réservés

Can. 893.

Texte du Code de droit can.

§ 1. - Ceux qui en vertu de leur pouvoir ordinaire peuvent concéder la faculté d'entendre les confessions ou porter des censures peuvent également, sauf le vicaire capitulaire ou le vicaire général sans mandat spé cial, évoquer un certain nombre de cas à leur tribunal, en limitant le pouvoir d'absoudre à leurs inférieurs.

Nouveau texte.

§ 1. - Ceux qui en vertu de leur pouvoir ordinaire peuvent concédér la faculté d'entendre les confessions ou porter des censures peuvent également, sauf le vicaire capitulaire (...) le vicaire général **et le Vicaire épiscopal** sans mandat spécial, évoquer un certain nombre de cas à leur tribunal, en limitant le pouvoir d'absoudre à leurs inférieurs.

Texte du Code de droit can.

§ 2. - Cette évocation s'appelle réserve de cas.

§ 3. - En ce qui concerne les censures, il faut observer les prescriptions des can. 2246 et 2247.

Note explicative: Le texte ajouté au § 1 du présent can. 893 provient du fait que cette fonction est nouvellement introduite au Concile Vatican II par le Décret « Christus Dominus » n. 27. Le Motu Proprio « Ecclesiae Sanctae » du 6 août 1966, I, n. 14 détermine davantage la fonction du Vicaire épiscopal en lui donnant un pouvoir administratif semblable au pouvoir des Vicaires généraux. C'est pourquoi il nous semble logique, que le Vicaire épiscopal ne puisse pas réserver des péchés sans un mandat spécial de l'évêque [98].

Can. 894.

Texte du Code de droit can.

Le seul péché réservé pour lui-même au Saint-Siège est la fausse dénonciation, par laquelle un prêtre innocent est accusé auprès des juges ecclésiastiques du crime de sollicitation.

NOTE EXPLICATIVE: Le présent canon 894 n'a subi aucun changement depuis le Concile Vatican II.

Can. 895.

Texte du Code de droit can.

Les Ordinaires du lieu ne réserveront des péchés que lorsque, après discussion de la chose en synode diocésain ou après avoir entendu, en dehors du synode, le chapitre cathédral et quelques-uns parmi les plus prudents et les plus sages de ceux de leur diocèse qui ont charge d'âmes, la réelle nécessité ou utilité de cette réserve aura été prouvée.

NOTE EXPLICATIVE: Le présent canon 895 n'a subi aucun changement depuis le Concile Vatican II.

Can. 896.

Texte du Code de droit can.

Parmi les supérieurs d'un institut religieux clérical exempt, seul le supérieur général, et dans les monastères sui iuris l'abbé, avec leur propre conseil, peuvent se réserver, comme dit plus haut, les péchés de leurs sujets, les can. 518, § 1 et 519 demeurant saufs.

NOTE EXPLICATIVE: Le présent canon 896 n'a subi aucun changement depuis le Concile Vatican II.

Can. 897.

Texte du Code de droit can.

Les cas réservés seront peu nombreux, c'est-à-dire trois ou tout au plus quatre, parmi les crimes externes les plus graves et les plus atroces, spécifiquement déterminés; la réserve ne demeurera pas plus longtemps en vigueur que nécessaire pour extirper un vice insolite ou pour restaurer la discipline chrétienne défaillante.

NOTE EXPLICATIVE: Le présent canon 897 n'a subi aucun changement depuis le Concile Vatican II.

Can. 898.

Texte du Code de droit can.

On s'abstiendra de réserver des péchés qui le sont déjà au Saint-Siège, fût-ce moyennant censure, et d'une façon générale des péchés déjà frappés par le droit d'une censure, même si elle n'est réservée à personne.

NOTE EXPLICATIVE: Le présent canon 898 n'a subi aucun changement depuis le Concile Vatican II.

Can. 899.

Texte du Code de droit can.

§ 1. - Ayant déterminé les réserves qu'ils ont jugées vraiment nécessaires ou utiles, les Ordinaires du lieu veilleront à les porter à la connaissance de leurs sujets, de la façon qu'ils jugent la meilleure, et à ne pas accorder à n'importe qui et indistinctement la faculté d'en absoudre.

§ 2. - Cette faculté appartient de plein droit, en vertu du can. 401, § 1, au chanoine pénitencier; elle sera accordée habituellement aux vicaires forains avec le pouvoir, surtout dans les régions du diocèse les plus éloignées du siège épiscopal, de subdéléguer aux confesseurs de leur district chaque fois que ceux-ci recourent à lui pour un cas urgent déterminé.

§ 3. - De plein droit, les curés et tous ceux qui leur sont assimilés peuvent, pendant tout le temps utile pour remplir le devoir pascal, et les missionnaires, pendant le temps des missions au peuple, absoudre de tous les cas que les Ordinaires se sont réservés de n'importe quelle façon.

Nouveau texte.

Tous les évêques, résidentiels ou titulaires peuvent partout en confession absoudre tous les fidèles de tous péchés réservés, sauf du péché de faux temoignage accusant un prêtre innocent devant les juges ecclésiastiques du crime de sollicitation.

Note explicative: Le nouveau texte ajouté au présent canon 899 provient du Motu Proprio « Pastorale munus » du 30 novembre 1963, n. II, 3 [99].

Can. 900.

Texte du Code de droit can.

Toute réserve cesse:

1° lorsque se confessent des malades qui ne peuvent quitter la maison ou des fiancés en vue de contracter mariage;

2° chaque fois que le supérieur légitime refuse dans un cas déterminé le pouvoir d'absoudre, ou que, selon le jugement prudent du confesseur, la faculté d'absoudre ne peut être demandée sans inconvénient grave pour le pénitent ou sans péril de violation du secret sacramentel;

3° en dehors du territoire de celui qui réserve, même si le pénitent quitte ce territoire pour obtenir l'absolution.

Note explicative: Le présent canon 900 n'a subi aucun changement depuis le Concile Vatican II [100].

Du sujet du sacrement de pénitence.

Can. 901.

Texte du Code de droit can.

Celui qui a commis des péchés mortels après le baptême, qui n'ont pas été directement remis par les clefs de l'Église, doit confesser tous ceux dont il a conscience après examen diligent de soi-même et indiquer dans la confession les circonstances qui changent l'espèce du péché.

Note explicative: Le présent canon 901 n'a subi aucun changement depuis le Concile Vatican II [101].

Can. 902.

Texte du Code de droit can.

Les péchés commis après le baptême, ou mortels et déjà remis par le pouvoir des clefs, ou véniels, sont matière suffisante mais non nécessaire du sacrement de pénitence.

Nouveau texte.

Il faut éviter que la confession individuelle ne soit réservée aux seuls péchés graves, afin que les fidèles ne soient pas privés du grand bienfait de la confession.

NOTE EXPLICATIVE: Le nouveau texte ajouté au présent canon 902 provient des Normes de la S. Congrégation pour la Doctrine de la Foi « Sacramentum Paenitentiae » du 16 juin 1972, n. XII [102].

Can. 903.

Texte du Code de droit can.

Il n'est pas défendu à ceux qui ne peuvent se confesser autrement d'employer, s'ils le veulent un interprète, en évitant les abus et scandales et le can. 889, § 2 demeurant sauf.

NOTE EXPLICATIVE: Le présent canon 903 n'a subi aucun changement depuis le Concile Vatican II [103].

Can. 904.

Texte du Code de droit can.

Suivant la norme des Constitutions apostoliques, spécialement celle de Benoît XIV, « Sacramentum Poenitentiae » du 1er juin 1741, le pénitent doit dénoncer dans le mois à

Nouveau texte.

Suivant la norme des Constitutions apostoliques, spécialement celle de Benoît XIV « Sacramentum Poenitentiae » du 1er juin 1741, le pénitent doit dénoncer dans le mois à l'Or-

l'Ordinaire du lieu ou au S. Office le prêtre coupable du délit de sollicitation dans la confession; et le confesseur est obligé gravement en conscience d'avertir le pénitent de ce devoir.	dinaire du lieu ou *à la Sacrée Congrégation pour la Doctrine de la Foi,* le prêtre coupable du délit de sollicitation dans la confession; et le confesseur est obligé gravement en conscience d'avertir le pénitent de ce devoir.

NOTE EXPLICATIVE: Le changement du titre de la Sacrée Congrégation provient du Motu Proprio « Integrae servandae » du 7 décembre 1965, n. 1. Le Motu Proprio « De Episcoporum muneribus » du 15 juin 1966, n. IX, 5 et celui « Episcopalis potestatis » du 2 mai 1967, n. VIII, 5, ne donne pas aux Ordinaires la faculté de dispenser de cette loi en cas d'urgence.

Can. 905.

Texte du Code de droit can.

Il est permis à chaque fidèle de confesser ses péchés au confesseur légitimement approuvé de son choix, fût-il d'un autre rite.

Nouveau texte.

Il est permis aux catholiques de demander le sacrement de pénitence au ministres non catholiques dans l'Église desquels ce sacrement est valide, chaque fois que la nécessité ou une véritable utilité spirituelle le demandent et qu'il est physiquement ou moralement impossible de s'adresser au prêtre catholique.

NOTE EXPLICATIVE: Le texte ajouté au présent canon 905 provient du Décret « Orientalium Ecclesiarum », n. 27.

Can. 906.

Texte du Code de droit can.

Tous les fidèles des deux sexes, après être parvenus aux années de discrétion, c'est-à-dire à l'usage de la raison, doivent confesser soigneusement tous leurs péchés au moins une fois l'an.

Nouveau texte.

Ce précepte vaut aussi pour ceux qui ont reçu l'absolution collective de leurs péchés graves.

Les évêques et tous les pasteurs d'âmes inciteront les fidèles à recevoir plus souvent le sacrement de pénitence.

NOTE EXPLICATIVE: Le premier texte nouveau provient des Normes de la S. Congrégation pour la Doctrine de la Foi « Sacramentum Paenitentiae » du 16 juin 1972, n. VII. Le deuxième nouveau texte provient de la Constitution « Paenitemini » du 17 février 1966, IX [104].

Can. 907.

Texte du Code de droit can.

Ne satisfait pas au précepte de confesser ses péchés celui qui fait une confession sacrilège ou volontairement nulle.

NOTE EXPLICATIVE: Le présent canon 907 n'a subi aucun changement depuis le Concile Vatican II [105].

De la Confession communautaire.

Nouveau texte.

La confession individuelle et complète des fautes, avec l'absolution, demeure l'unique moyen ordinaire par lequel les fidèles se réconcilient avec Dieu et l'Église, à moins qu'une impossibilité physique ou morale ne dispense d'une confession de ce genre.

Lorsqu'un danger de mort est imminent et que le temps manque à un prêtre, ou même à plusieurs prêtres qui seraient présents, pour entendre la confession de chacun des pénitents, le prêtre a la faculté de donner l'absolution générale à plusieurs personnes, en la faisant précéder, s'il en a le temps, d'une très bréve exhortation pour que chacun prenne soin de faire un acte de contrition.

En dehors des cas de péril de mort, il est permis d'absoudre sacramentellement de façon collective des fidèles qui se sont confessés seulement de façon générale, mais qui ont été convenablement exhortés au repentir, s'il survient une grave nécessité, c'est-à-dire lorsque, vu le nombre des pénitents, il n'y a pas suffisamment de confesseurs à disposition pour entendre comme il faut la confession de chacun dans des limites de temps convenables, en sorte que les pénitents seraient contraints à demeurer longtemps privés — sans faute de leur part — de la grâce sacramentelle ou de la sainte communion. Cette conjoncture peut se produire, surtout dans les territoires de mission, mais aussi en d'autres lieux, ou encore pour des groupes de personnes lorsque se vérifie une telle nécessité.

Il est réservé à l'Ordinaire du lieu, après en avoir conféré avec d'autres membres de la Conférence épiscopale, de juger si les conditions mentionnes ci-dessus existent en réalité, et par conséquent de décider quand il est permis de donner une absolution sacramentelle collective, le prêtre est tenu de recourir auparavant, chaque fois que c'est possible, à l'Ordinaire du lieu, pour donner licitement l'absolution; autrement, il doit informer cet Ordinaire, le plus tôt possible, de la nécessité où il s'est trouvé et de l'absolution donnée.

Quant aux fidèles, pour qu'ils puissent bénéficier de l'absolution sacramentelle collective, il est absolument requis qu'ils soient convenablement disposés, c'est-à-dire que chacun se repente de ce qu'il a commis,qu'il se propose de ne plus retomber dans ces péchés, qu'il soit décidé à réparer les scandales et les dommages qu'il aurait pu causer, et qu'en même temps il ait l'intention de confesser, en temps voulu, chacun de ses péchés graves qu'il ne peut actuellement confesser de cette façon. De ces dispositions et de ces conditions, requises pour la validité du sacrement, les fidèles doivent être avertis avec soin par les prêtres.

Ceux dont les péchés graves ont été remis par une absolution collective doivent accéder à la confession « auriculaire » avant de recevoir à nouveau une absolution collective, à moins d'en être empêchés par une juste cause. Et ils sont absolument tenus, sauf impossibilité morale, à se présenter à un confesseur avant un an.

Dans les localités dispersées et éloignées, où le prêtre ne peut aller que rarement au cours d'une année, on s'organisera de telle sorte que le prêtre, lorsque c'est possible, entende à chaque visite la confession sacramentelle, d'une partie des pénitents et qu'il donne aux autres, si les conditions énoncées ci-dessus sont remplis l'absolution sacramentelle générale; de telle sorte cependant que tous les fidèles, si possible, puissent faire une confession individuelle au moins une fois par an.

NOTE EXPLICATIVE: Les nouveaux textes proviennent des Normes de la S. Congrégation pour la Doctrine de la Foi du 16 juin 1972, I-IX et de l'« Ordo Paenitentiae » du 2 décembre 1973 nn. 31-34 et 40 c).

Du lieu où l'on doit entendre les confessions.

Can. 908.

Texte du Code de droit can.

Le lieu propre de la confession sacramentelle est l'église où l'oratoire public ou semi-public.

Nouveau texte.

La réconciliation des fidèles peut se faire tous les jours à n'importe quel moment. On habituera les fidèles à se présenter à des heures convenues pour se confesser en dehors du temps de la célébration de la messe.

NOTE EXPLICATIVE: Le nouveau texte ajouté au présent canon 908 provient de l'« Ordo Paenitentiae » du 2 décembre 1973, n. 13 [106].

Can. 909.

Texte du Code de droit can.

§ 1. - Le confessionnal pour entendre les confessions des femmes sera toujours placé en un lieu accessible et visible, généralement dans une église ou un oratoire public ou semi-public où les femmes ont accès.

§ 2. - Le confessionnal doit être muni d'une grille fixe à petits trous se trouvant entre le pénitent et le confesseur.

NOTE EXPLICATIVE: Le présent canon 909 n'a subi aucun changement depuis le Concile Vatican II [107].

Can. 910.

Texte du Code de droit can.

§ 1. - On n'entendra pas les confessions de femmes hors du confessional, si ce n'est pour un motif d'infirmité ou pour une autre vraie nécessité, et en prenant les précautions que l'Ordinaire jugera opportunes.

§ 2. - Les confessions des hommes peuvent être entendues mêmes dans les maisons privées.

Nouveau texte.

On enseignera aux fidèles que les célébrations liturgiques et les rites pénitentiels collectifs sont très utiles pour une préparation plus fructueuse à la confession des péchés et pour l'amélioration de leur vie. On les avertira cependant de ne pas confondre les célébrations ou les rites de ce genre avec la confession et l'absolution sacramentelles.

NOTE EXPLICATIVE: Le nouveau texte ajouté au présent canon 910 provient des Normes de la S. Congrégation pour la Doctrine de la Foi « Sacramentum Paenitentiae » du 16 juin 1972, X [108].

DE L'EXTRÊME-ONCTION
DE L'ONCTION DES MALADES

Can. 937.

Texte du Code de droit can.	*Nouveau texte.*
Le sacrement de l'extrême-onction doit être conféré par les onctions saintes, avec de l'huile d'olive dûment bénite, et avec les paroles prescrites dans les livres rituels approuvés par l'Église.	*Le sacrement de l'onction des malades* doit être conféré par les onctions saintes, avec de l'huile d'olive **ou si cela est plus convenable, avec de l'huile d'autres plantes** dûment bénite et avec les paroles prescrites par les livres rituels approuvés par l'Église.

NOTE EXPLICATIVE: Le changement du titre de ce sacrement provient de la Constitution « Sacrosanctum Concilium », n. 73 et de l'« Ordo Unctionis Infirmorum » du 7 décembre 1972. Les textes ajoutés au présent canon 973 proviennent de la Constitution « Sacram Unctionem Infirmorum » du 30 novembre 1972 [109].

Du ministre de l'extrême-onction.
Du ministre de l'onction des malades.

Can. 938.

Texte du Code de droit can.	*Nouveau texte.*
§ 1. - Tout prêtre, et lui seulement, administre validement ce sacrement.	§ 1. - *Le ministre propre de ce sacrement est seul le prêtre.*
§ 2. - Sauf application des can. 397, 3° et 514, § 1-3, le ministre ordinaire est le curé du	§ 2. - *Les évêques, les curés et leurs coopérateurs, les prêtres qui sont désignés pour*

lieu où se trouve l'infirme; en cas de nécessité, ou avec la permission au moins raisonnablement présumée de ce curé ou de l'Ordinaire du lieu, tout prêtre peut administrer ce sacrement.

le soin des malades et des vieillards dans des maisons de santé et les supérieurs des communautés religieuses cléricales sont les ministres ordinaires de ce sacrement. Les autres prêtres peuvent l'administrer avec l'assentiment de ceux-ci. En cas de nécessité, il suffit de présumer cet assentiment et d'avertir ensuite le curé ou le chapelain de la maison de santé.

Nouveau texte.

Il est permis aux catholiques de demander ce même sacrement aux ministres non catholiques dans l'Église desquels les sacrements sont valides, chaque fois que la nécessité ou une véritable utilité spirituelle le demandent et qu'il est physiquement ou moralement impossible de s'adresser au prêtre catholique.

NOTE EXPLICATIVE: Les nouveaux textes du présent canon 938 proviennent de l'« Ordo Unctionis Infirmorum » 7 décembre 1972, Praenotanda nn. 16, 18. Le nouveau texte ajouté provient du Décret « Orientalium Ecclesiarum » n. 27.

Can. 939.

Texte du Code de droit can.

Le ministre ordinaire est tenu en justice d'administrer ce sacrement par lui-même ou par un autre; en cas de nécessité tout prêtre y est tenu par charité.

NOTE EXPLICATIVE: Le présent canon 939 n'a subi aucun changement depuis le Concile Vatican II.

Du sujet de l'extrême-onction.
Du sujet de l'onction des malades.

Can. 940.

Texte du Code de droit can.

§ 1. - L'extrême-onction ne peut être administrée qu'aux fidèles qui, après avoir eu l'usage de la raison, se trouvent en péril de mort par suite de maladie ou de vieillesse.

Texte du Code de droit can.

§ 2. - Le sacrement ne peut être réitéré au cours de la même maladie, à moins que le malade, après avoir reçu l'onction, ne se soit suffisamment rétabli, puis ne soit à nouveau exposé au péril de mort.

Nouveau texte.

§ 2. - Le sacrement ne peut être réitéré au cours de la même maladie, à moins que le malade, après avoir reçu l'onction, ne se soit suffisamment rétabli, puis ne soit à nouveau exposé au péril de mort, **ou si, durant la même maladie, l'état de santé s'aggrave.**

NOTE EXPLICATIVE: Le nouveau texte ajouté au § 2 du présent canon 940 provient de la Constitution « Sacram Unctionem Infirmorum » du 30 novembre 1972 et de l'« Ordo Unctionis Infirmorum » 7 décembre 1972, Praenotanda n. 9 [110].

Can. 941.

Texte du Code de droit can.

S'il est douteux que le malade ait atteint l'âge de raison, qu'il soit vraiment en péril de mort, ou qu'il soit mort, le sacrement sera administré sous condition.

Nouveau texte.

Cependant il suffit qu'on ait un jugement prudent ou probable de la gravité de la maladie et, s'il y a lieu, donné par un médecin. On peut administrer ce sacrement avant une opération

chirurgicale, quand c'est une maladie dangereuse qui est cause de l'opération ou quand on a affaire à un vieillard dont les forces diminuent, même si on ne perçoit pas un danger de mort.

NOTE EXPLICATIVE: Le nouveau texte ajouté au présent canon 941 provient de l'« Ordo Unctionis Infirmorum » du 7 décembre 1972, Praenotanda, nn. 9, 10.

Can. 942.

Texte du Code de droit can.

Ce sacrement ne doit pas être conféré à ceux qui persévèrent sans pénitence et sciemment dans un péché mortel manifeste; si cela est douteux, le sacrement sera conféré sous condition.

NOTE EXPLICATIVE: Le présent canon 942 n'a subi aucun changement depuis le Concile Vatican II [111].

Can. 943.

Texte du Code de droit can.

On doit conférer le sacrement sans condition aux malades qui l'ont demandé au moins implicitement lorsqu'ils avaient encore conscience ou qui du moins l'auraient vraisemblablement demandé, même s'ils ont ensuite perdu l'usage des sens ou de la raison.

Nouveau texte.

Si le prêtre appelé auprès d'un malade le trouve décédé, il priera Dieu pour lui afin qu'il le délivre de ses péchés et l'admette dans son règne avec clémence, mais il ne lui administrera par le sacrement. Si le prêtre doute que le malade soit mort, il peut lui conférer le sacrement sous condition.

NOTE EXPLICATIVE: Le nouveau texte ajouté au présent canon 943 provient de l'« Ordo Unctionis Infirmorum » 7 décembre 1972, Praenotanda n. 15.

Can. 944.

Texte du Code de droit can.

Quoique ce sacrement ne soit pas en soi de nécessité de moyen pour le salut, personne ne peut le négliger, il faut veilleur avec zèle et diligence à ce que les malades le reçoivent lorsqu'ils sont encore conscients.

NOTE EXPLICATIVE: Le présent canon 944 n'a subi aucun changement depuis le Concile Vatican II.

Des rites et des cérémonies de l'extrême-onction.
Des rites et des cérémonies de l'onction des malades.

Can. 945.

Texte du Code de droit can.	*Nouveau texte.*
L'huile d'olive, à employer pour le sacrement de l'extrême-onction, doit être bénite à cette fin par l'évêque, ou par un prêtre à qui le Siège Apostolique en a donné le pouvoir.	L'huile d'olive **ou, si cela est plus convenable, l'huile d'autres plantes,** à employer pour le sacrement de l'onction des malades doit être benite à cette fin par l'évêque ou par un prêtre à qui **le droit même ou** Le Siège Apostolique en a donné le pouvoir.

Nouveau texte.

Outre l'évêque, peuvent bénir l'huile pour ce sacrement ceux qui par le droit sont assimilés à l'évêque diocésain et, en cas de necessité, tout prêtre.

NOTE EXPLICATIVE: Les textes ajoutés au présent canon 945 proviennent de la Constitution « Sacram Unctionem Infirmorum » du 30 novembre 1972 et de l'« Ordo Unctionis Infirmorum » du 7 décembre 1972, Praenotanda nn. 20, 21. Le titre de ce sacrement fut changé par la Constitution « Sacrosanctum Concilium », n. 73 et par l'« Ordo Unctionis Infirmorum » [112].

Can. 946.

Texte du Code de droit can.

Le curé conservera l'huile des infirmes en un endroit propre et décemment orné, dans un vase d'argent ou d'étain; il ne pourra la conserver à la maison que dans les cas prévus par le can. 735.

Nouveau texte.

Le prêtre conservera l'huile des infirmes en un endroit propre et décemment orné, dans un vase *apte à conserver l'huile; il peut la garder à la maison ou avec la permission de l'Ordinaire du lieu la porter en voyage ou la confier aux familiers pour la porter au malade.*

NOTE EXPLICATIVE: Les changements introduits au présent canon 946 proviennent du Décret « Pientissima Mater Ecclesia » de la S. Congrégation des Rites du 4 mars 1965 et de l'« Ordo Unctionis Infirmorum » du 7 décembre 1972, Praenotanda n. 22 [113].

Can. 947.

Texte du Code de droit can.

§ 1. - Les onctions doivent être faites rigoureusement avec les paroles, selon l'ordre et la manière qu'indiquent les livres liturgiques; cependant en cas de nécessité une seule onction, sur un sens ou de préférence sur le front, avec la formule brève prescrite, suffit, l'obligation demeurant toutefois de suppléer chacune des autres onctions lorsque le péril a cessé.

Nouveau texte.

§ 1. - Les onctions doivent être faites rigoureusement avec les paroles, selon l'ordre et la manière qu'indiquent les livres liturgiques; cependant, en cas de nécessité, une seule onction, sur un sens ou de préférence sur le front, **ou sur une autre partie du corps, à cause de la condition particulière du malade,** avec la formule *intégrale,* suffit, l'obligation demeurant toutefois de suppléer chacune des autres onctions, lorsque le danger a cessé.

§ 2. - L'onctions des reins sera toujours omise.

§ 3. - L'onction des pieds peut être omise pour n'importe quel motif raisonnable.

§ 2. - L'onction se fait sur le front et les mains.

§ 3. - (. . .)

Texte du Code de droit can.

§ 4. - Sauf le cas de grave nécessité, les onctions se feront de la main même du ministre, sans l'emploi d'aucun instrument.

Nouveau texte.

Rien n'empêche que, compte tenu du génie et des traditions propres aux différents peuples, on augmente le nombre des onctions ou qu'on les fasse sur d'autres parties du corps. Ce sera à fixer par les rituels particuliers.

NOTE EXPLICATIVE: Le changement du texte du présent canon 947, les omissions et le nouveau texte ajouté proviennent de la Constitution « Sacram Unctionem Infirmorum » du 30 novembre 1972 et de l'« Ordo Unctionis Infirmorum » du 7 décembre 1972, praenotanda, nn. 23, 24 [114].

DE L'ORDRE

Can. 948.

Texte du Code de droit can.

Dans l'église, de par l'institution du Christ, l'ordre met les clercs à part des laïques pour le gouvernement des fidèles et le ministère du culte divin.

NOTE EXPLICATIVE: Le présent canon 948 n'a subi aucun changement depuis le Concile Vatican II. Des notions plus théologiques se trouvent entre autre dans:

la Constitution « Lumen Gentium », nn. 26, 28, 29;
le Décret « Christus Dominus », n. 15;
le Décret « Presbyterorum Ordinis », nn. 2, 7 [115].

Can. 949.

Texte du Code de droit can.	*Nouveau texte.*
Dans les canons qui suivent, sont compris sous le nom d'ordres majeurs ou sacrés: la prêtrise, le diaconat, le sous-diaconat; sous celui d'ordres mineurs: l'acolytat, l'exorcistat, le lectorat, l'ostiariat.	Dans les canons qui suivent, sont compris sous le nom d'ordres *ou ordres sacrés*: *le presbytérat et le diaconat; sous le nom de « ministères »*: *celui de lecteur et celui d'acolyte.*

Nouveau texte.

Les Conférences épiscopales ont la faculté de donner le nom de sous-diacre à l'acolyte.

NOTE EXPLICATIVE: Le changement du texte du présent canon 949 et le nouveau texte ajouté proviennent du Motu Proprio « Ministeria quaedam » du 15 août 1972, nn. II, IV [116].

Can. 950.

Texte du Code de droit can.

En droit, les mots: ordonner, ordre, ordination, sainte ordination, comprennent, outre la consécration épiscopale, les ordres énumérés, au can. 949 et même la première tonsure, à moins qu'il n'en résulte autrement de la nature même des choses ou du contexte.

Nouveau texte.

En droit, les mots: ordonner, ordre, ordination, sainte ordination, comprennent, (. . .) *l'ordination* épiscopale, *le sacerdoce et le diaconat* (. . .).

Note explicative: Le changement introduit dans le présent canon 950 est une conséquence des changements introduits par le Motu Proprio « Ministeria quaedam » du 15 août 1972, nn. I, II, IV. On parle aussi de « ordination » épiscopale au lieu de « consécration », puisque le nouveau rite publié par la Constitution « Pontificalis Romani » du 19 juin 1968 emploie ce terme, tout en conservant aussi le titre de « évêque consécrateur ».

Du ministre de l'ordination.

Can. 951.

Texte du Code de droit can.

Le ministre ordinaire de la sainte ordination est l'évêque consacré; le ministre extraordinaire est celui qui, bien que n'ayant pas le caractère épiscopal, a reçu de par le droit ou par indult particulier du Saint-Siège, le pouvoir de conférer quelques ordres.

Nouveau texte.

Le ministre (. . .) de la sainte ordination est l'évêque *ordonné* (. . .).

Note explicative: L'omission des textes dans le présent canon 951 est une conséquence des changements introduits par le Motu Proprio « Ministeria quaedam » du 15 août 1972. On parle aussi de l'ordination épiscopale puisque l'Ordo des ordinations publié le 19 juin 1968 parle de l'ordination au lieu de la consécration, tout en conservant les mots « évêque consécrateur » [117].

Can. 952.

Texte du Code de droit can.

Personne ne peut promouvoir à un ordre supérieur, sans permission du Saint-Siège, quelqu'un qui a été ordonné par le Souverain pontife.

NOTE EXPLICATIVE: *Le présent canon 952 n'a subi aucun changement depuis le Concile Vatican II.*

Can. 953.

Texte du Code de droit can.	*Nouveau texte.*
La consécration épiscopale est réservée ou pontife romain, de sorte qu'il n'est permis à aucun évêque de consacrer quelqu'un évêque, sans qu'il ait d'abord connaissance du mandat apostolique l'y autorisant.	*L'ordination* épiscopale est réservée au pontife romain, de sorte qu'il n'est permis à aucun évêque *d'ordonner* quelqu'un évêque, sans qu'il ait d'abord connaissance du mandat apostolique l'y autorisant.

Nouveau texte.

Selon les règles établies par le Saint-Siège, les Conférences épiscopales délibéreront chaque année avec prudence et sous le secret au sujet des ecclésiastiques, susceptibles d'être promus à l'épiscopat dans leur territoire et elles proposeront au Saint-Siège le nom des candidats.

NOTE EXPLICATIVE: L'« Ordo » de l'ordination des évêques du 19 juin 1968 emploie le mot « ordination » au lieu de consécration, bien qu'on y parle encore de l'évêque consécrateur. Le nouveau texte ajouté au présent canon 953 provient du Motu Proprio « Ecclesiae Sanctae » du 6 août 1966, n. I, 10.

Can. 954.

Texte du Code de droit can.

L'évêque consécrateur doit s'adjoindre deux autres évêques pour l'assister dans la consécration, à moins qu'il n'ait obtenu dispense du Siège apostolique.

Nouveau texte.

L'évêque consécrateur doit s'ajoindre *au moins* deux autres évêques pour l'assister dans *l'ordination,* à moins qu'il n'ait obtenu dispense du Siège Apostolique. *Il convient que tous les évêques présents et les deux prêtres qui assistent le nouvel élu concélèbrent.*

Note explicative: Le changement et le texte ajouté au présent canon 954 provient de l'« Ordo Ordinationis » du 19 juin 1968, praenotanda n. 4, ainsi que le changement du mot de « consécration » en « ordination » prévu par le même Ordo.

Can. 955.

Texte du Code de droit can.

§ 1. - Chacun sera ordonné par son évêque propre ou avec des lettres dimissoriales valables de sa part.

§ 2. - L'évêque propre, qui n'est pas légitimement empêché, ordonnera par lui-même ses sujets; mais il ne peut ordonner licitement un sujet de rite oriental, sans indult apostolique.

Note explicative: Le présent canon 955 n'a subi aucun changement depuis le Concile Vatican II.

Can. 956.

Texte du Code de droit can.

L'évêque propre, en ce qui concerne l'ordination des séculiers, est uniquement l'évêque du diocèse où celui qui doit être ordonné a son domicile et son origine, ou rien que son

Nouveau texte.

L'évêque propre, en ce qui concerne l'ordination des séculiers est uniquement l'évêque du diocèse où celui qui doit être ordonné a son domicile et son origine, ou rien que son

domicile; mais, dans ce dernier cas, le candidat doit confirmer par serment sa volonté de demeurer à jamais dans le diocèse, sauf s'il s'agit de promouvoir aux ordres un clerc déjà incardiné dans un diocèse par la première tonsure, ou un candidat destiné au service d'un autre diocèse conformément au can. 969, § 2, ou un religieux profès dont parle le can. 964, 4°.	domicile; mais dans ce dernier cas, le candidat doit confirmer par serment sa volonté de demeurer à jamais dans le diocèse, sauf s'il s'agit de promouvoir aux ordres (. . .) un candidat destiné au service d'un autre diocèse conformément au can 969, § 2, ou un religieux profès, dont parle le can 964, 4°.

NOTE EXPLICATIVE: L'omission dans le présent canon 956 provient du fait que la première tonsure est supprimée selon le Motu Proprio « Ministeria quaedam » du 15 août 1972, n. I.

Can. 957.

Texte du Code de droit can.

§ 1. - Le vicaire et le préfet apostoliques, l'abbé et le prélat nullius, s'ils ont le caractère épiscopal, sont assimilés à l'évêque diocésain en ce qui concerne l'ordination.

Texte du Code de droit can.	*Nouveau texte.*
§ 2. - S'ils ne possèdent pas le caractère épiscopal, ils peuvent néanmoins, dans leur propre territoire et seulement pendant la durée de leur mandat, conférer la tonsure et les ordres mineurs tant à leurs propres sujets séculiers, selon les règles du can. 956, qu'a tous ceux qui auraient les lettres dimissoriales exigées par le droit; toute ordination faite par eux en dehors de ces limitations est nulle.	§ 2. - (. . .) *Les ministères sont conférés par l'évêque diocésain et, pour les Instituts de perfection cléricaux, par le Supérieur majeur selon le rite approuvé par l'Église.*

NOTE EXPLICATIVE: Le texte nouveau du § 2 du présent canon 957 provient du Motu Proprio « Ministeria quaedam » du 15 août 1972, n. IX.

Can. 958.

Texte du Code de droit can.

§ 1. - Peuvent donner les lettres dimissoriales pour les séculiers, tant qu'ils gardent juridiction sur leur territoire:

1° l'évêque propre, après qu'il a pris validement possession de son diocèse conformément au can. 334, § 3, même s'il n'est pas consacré;

2° le vicaire général, seulement par mandat spécial de l'évêque;

3° le vicaire capitulaire, du consentement du chapitre, après un an de vacance du siège, ou, pendant la première année, seulement à ceux qui ont reçu ou doivent recevoir un bénéfice, ou occuper un office auquel il faut pourvoir sans retard pour les besoins du diocèse;

4° le vicaire et le préfet apostoliques, l'abbé et le prélat nullius, même s'ils n'ont pas le caractère épiscopal, aussi pour les ordres majeurs.

Nouveau texte.

§ 1. - Peuvent donner les lettres dimissoriales pour les séculiers, tant qu'ils gardent juridiction sur leur territoire:

1° l'évêque propre, après qu'il a pris validement possession de son diocèse conformément au can. 334, § 3, même s'il n'est pas *ordonné*;

2° le vicaire général *et le vicaire épiscopal,* seulement par mandat spécial de l'évêque;

3° le vicaire capitulaire, du consentement du chapitre, après un an de vacance du siège, ou, pendant la première année, seulement à ceux qui ont reçu ou doivent recevoir un bénéfice, ou occuper un office auquel il faut pourvoir sans retard pour les besoins du diocèse;

4° le vicaire et le préfet apostoliques, l'abbé et le prélat nullius, même s'ils n'ont pas le caractère épiscopal (. . .).

Texte du Code de droit can.

§ 2. - Le vicaire capitulaire ne concèdera pas de lettres dimissoriales à ceux qui ont été écartés par l'évêque.

NOTE EXPLICATIVE: Le changement du titre de « consécration » en « ordination » provient du changement introduit dans l'« Ordo Ordinationis », publié le 18 juin 1972. Dans le § 1, 2° nous avons ajouté le nom de « Vicaire épiscopal », fonction nouvellement introduite par le Concile Vatican II dans le Décret « Christus Dominus » n. 27. Le Motu Proprio « Ecclesiae Sanctae » du 6 août 1966 n. I, 14 détermine davantage la fonction du Vicaire épiscopal en lui donnant un pouvoir ordinaire vicaire, semblable au pouvoir des Vicaires généraux. C'est pourquoi il nous semble logique, bien qu'aucune nouvelle loi ne le signale, que le Vicaire épiscopal puisse donner des lettres dimissoriales par un mandat spécial de l'évêque. Le texte omis au § 1, 4° du présent canon provient du fait que la distinction entre les ordres majeurs et mineurs a été supprimée.

Can. 959.

Texte du Code de droit can.	*Nouveau texte.*
Celui qui a le droit de donner des lettres dimissoriales pour les ordres peut conférer ceux-ci lui-même, s'il a le pouvoir d'ordre nécessaire.	Celui qui a le droit de donner des lettres dimissoriales pour les ordres peut conférer ceux-ci lui-même, s'il *a le caractère épiscopal.*

NOTE EXPLICATIVE: Le changement introduit au présent 959 provient du fait que pour conférer les ordres il faut toujours avoir le caractère épiscopal depuis que le sens du mot « ordre » est réservé au sacerdoce et au diaconat.

Can. 960.

Texte du Code de droit can.

§ 1. - On ne concédera les lettres dimissoriales qu'une fois en possession de tous les témoignages requis par le droit dans les can. 993 à 1000.

§ 2. - Si, après que les lettres dimissoriales ont été données par l'Ordinaire, d'autres témoignages sont requis conformément au can. 994, § 3, l'évêque ne fera pas l'ordination avant de les avoir reçus.

§ 3. - Si le candidat a passé, dans le diocèse même de l'évêque qui va l'ordonner, un temps suffisant pour contracter l'empêchement prévu au can. 994, c'est cet évêque qui fera directement l'enquête.

NOTE EXPLICATIVE: Le présent canon 960 n'a subi aucun changement depuis le Concile Vatican II.

Can. 961.

Texte du Code de droit can.	*Nouveau texte.*
Les lettres dimissoriales peuvent être adressées par l'évêque propre, même s'il est cardinal-évêque suburbicaire à tout évêque ayant communion avec le Saint-Siège, sauf à un évêque d'un rite autre que celui du candidat, à moins d'indult apostolique.	Les lettres dimissoriales peuvent être adressées par l'évêque propre (...) à tout évêque ayant communion avec le Saint-Siège, sauf à un évêque d'un rite autre que celui du candidat, à moins d'indult apostolique.

NOTE EXPLICATIVE: La suppression faite dans le présent canon provient du Motu Proprio « Suburbicariis sedibus » du 11 avril 1962.

Can. 962.

Texte du Code de droit can.

Tout évêque, après avoir reçu des lettres dimissoriales valides, ordonne licitement le sujet d'autrui, pourvu qu'il n'ait aucun doute sur l'authenticité des lettres, et compte tenu de la prescription du can. 994, § 3.

NOTE EXPLICATIVE: Le présent canon 962 n'a subi aucun changement depuis le Concile Vatican II.

Can. 963.

Texte du Code de droit can.

Les lettres dimissoriales peuvent être limitées dans leur teneur ou révoquées par celui qui les a accordées ou par son successeur, mais, une fois concédées, elles ne perdent pas leur valeur du fait que cesse le droit d'en accorder chez celui qui les a données auparavant.

NOTE EXPLICATIVE: Le présent canon 963 n'a subi aucun changement depuis le Concile Vatican II.

Can. 964.

Texte du Code de droit can.

1° L'abbé régulier de regimine, quoique sans territoire nullius, peut conférer la première tonsure et les ordres mineurs, pourvu que l'ordinand soit son sujet au moins par la profession simple, que lui-même soit prêtre et ait reçu légitimement la bénédiction abbatiale. En dehors de ces limitations, l'ordination conférée par lui est nulle, tout privilège contraire étant révoqué, à moins qu'il n'ait le caractère épiscopal.

2° Les religieux exempts ne peuvent être ordonnés licitement par aucun évêque sans lettres dimissoriales de leur propre supérieur majeur.

3° Les supérieurs ne peuvent accorder de lettres dimissoriales aux profès simples dont

Nouveau texte.

1° *tout supérieur majeur des instituts religieux cléricaux peut conférer les ministères à ses propres sujets en observant le rite liturgique reconnu par le Siège Apostolique.*

2° les religieux exempts ne peuvent être ordonnés licitement par aucun évêque sans lettres dimissoriales de leur propre supérieur majeur;

3° (. . .)

parle le can. 574, que pour la tonsure et les ordres mineurs.

4° L'ordination de tous les autres membres de n'importe quelle religion est régie par le droit des séculiers, tout indult permettant aux supérieurs de donner des lettres dimissoriales pour les ordres majeurs aux profès à voeux temporaires étant révoqué.

4° Les supérieurs des instituts religieux cléricaux ou leurs délégués légitimes peuvent concéder à leurs sujets de voeux perpétuels des lettres dimissoriales pour la réception des ordres.

NOTE EXPLICATIVE: Le changement introduit au n. 1 du présent canon 964 provient du Motu Proprio « Ministeria quaedam » du 15 août 1972, n. IX. La suppression du n. 3 provient du fait que les supérieurs majeurs religieux peuvent conférer eux-mêmes les ministères. Le changement introduit au n. 4 provient des Facultés « Cum admotae » du 6 novembre 1964, n. 11 et de l'Instruction « Renovationis causam » de la S. Congrégation des religieux du 6 janvier 1969, n. 37, II.

Can. 965.

Texte du Code de droit can.

L'évêque auquel le supérieur religieux doit adresser les lettres dimissoriales est l'évêque du diocèse où se trouve située la maison religieuse à la communauté de laquelle appartient le candidat à ordonner.

NOTE EXPLICATIVE: Le présent canon 965 n'a subi aucun changement depuis le Concile Vatican II.

Can. 966.

Texte du Code de droit can.

§ 1. - Le supérieur religieux ne peut adresser des lettres dimissoriales à un autre évêque que si l'évêque diocésain en donne la permission, ou est d'un autre rite, ou absent, ou ne fera pas d'ordination au temps légitime le plus proche prévu par le can.

1006, § 2, ou si le diocèse est vacant et si celui qui le régit n'a pas le caractère épiscopal.

§ 2. - Dans chacun de ces cas, il est nécessaire que l'attestation en soit fournie à l'évêque qui fera l'ordination par un document authentique de la curie épiscopale.

NOTE EXPLICATIVE: Le présent canon 966 n'a subi aucun changement depuis le Concile Vatican II.

Can. 967.

Texte du Code de droit can.

Les supérieurs religieux éviteront de frauder l'évêque diocésain dans ses droits en envoyant dans une autre maison religieuse un sujet à ordonner, ou en différant la concession des lettres dimissoriales jusqu'au moment où l'évêque sera absent ou ne fera pas d'ordination.

NOTE EXPLICATIVE: Le présent canon 967 n'a subi aucun changement depuis le Concile Vatican II.

Du sujet de l'ordination.

Can. 968.

Texte du Code de droit can.

§ 1. - Seul l'homme baptisé reçoit validement la sainte ordination; la reçoit licitement celui qui, du jugement de son Ordinaire propre, possède les qualités requises par les saints canons et n'est entravé par aucune irrégularité ou autre empêchement.

Nouveau texte.

Être institué lecteur et acolyte, conformément à la vénérable tradition de l'Église est réservé aux hommes.

Texte du Code de droit can.

§ 2. - Ceux qui sont frappés d'irrégularité ou d'un autre empêchement, même après l'ordination et sans faute de leur part, ne peuvent exercer les ordres reçus.

NOTE EXPLICATIVE: Le texte ajoute au § 1 du présent canon 968 provient du Motu Proprio « Ministeria quaedam » du 15 août 1972, n. VII [118].

Can. 969.

Texte du Code de droit can.

§ 1. - Aucun candidat séculier ne peut être ordonné si, du jugement de son évêque propre, il n'est pas nécessaire ou utile aux églises du diocèse.

§ 2. - Il n'est cependant pas interdit à l'évêque d'ordonner son propre sujet, alors qu'il est destiné à passer, après excardination et incardination légitimes préalables, au service d'un autre dioècese.

NOTE EXPLICATIVE: Le présent canon 969 n'a subi aucun changement depuis le Concile Vatican II.

Can. 970.

Texte du Code de droit can.

L'évêque propre ou le supérieur religieux majeur peuvent interdire à leurs candidats l'accès aux ordres, pour n'importe quelle cause canonique, même occulte, sans formalité de procédure, sauf recours du candidat au Saint-Siège, ou également au supérieur général, lorqu'il s'agit de religieux à qui le supérieur provincial a interdit d'avancer.

NOTE EXPLICATIVE: Le présent canon 970 n'a subi aucun changement depuis le Concile Vatican II.

Can. 971.

Texte du Code de droit can.

Il est interdit de forcer quelqu'un à l'état clérical, de n'importe quelle façon, pour n'importe quel motif, ou d'en détourner quelqu'un qui y est apte.

Nouveau texte.

Le candidat aux ministères et aux ordres doit faire une libre demande d'admission écrite signée de sa propre main, mais le profès d'un institut religieux clérical se préparant au sacerdoce en est dispensé. S'il s'agit d'un homme marié, qui veut accéder au diaconat permanent, il faut s'assurer non seulement du consentement de son épouse mais aussi de sa probité chrétienne et de la présence en elle de qualités naturelles qui ne feront pas obstacle au ministère de son mari ou ne le déshonoreront pas.

NOTE EXPLICATIVE: Le nouveau texte ajouté au présent canon 971 provient du Motu Proprio « Ad pascendum » du 15 août 1972 n. I et du Motu Proprio « Sacrum Diaconatus Ordinem » du 15 juin 1967, n. 11 [119].

Can. 972.

Texte du Code de droit can.

§ 1. - Il faut veiller à ce que ceux qui aspirent aux ordres sacrés soient reçus dès leurs jeunes années dans un séminaire; d'ailleurs tous sont tenus au moins d'y séjourner pendant tout le cours des études de théologie, sauf si l'Ordinaire dans des cas particuliers, pour une cause grave, sous la responsabilité de sa conscience, en dispense.

§ 2. - Ceux qui aspirent aux ordres et demeurent légitimement hors du séminaire seront recommandés à un prêtre pieux et capable qui veillera sur eux et les formera à la piété.

Nouveau texte.

Les candidats au diaconat permanent seront accueillis dans un institut spécial où ils seront éprouvés, formés à une vie vrai-

ment évangélique et préparés à exercer de façon fructueuse leurs fonctions spécifiques, par un personnel choisi et selon un programme méthodique.

Pour la fondation d'un tel institut, les évêques d'une même région ou, si cela est nécessaire, les évêques de plusieures régions d'une même nation uniront leurs efforts.

Dans le cas où un candidat, plus âgé ou marié, est dans l'impossibilité d'être admis dans un institut spécial, il sera confié à un prêtre d'éminente vertu qui prendra soin de lui, l'instruira et pourra ainsi témoigner de sa prudence et de sa maturité.

NOTE EXPLICATIVE: Le texte ajouté au présent canon 972 provient du Motu proprio « Sacrum Diaconatus Ordinem » du 18 juin 1967, nn. 6, 7, 9, 15.

Des conditions requises dans le sujet de l'ordination.

Can. 973.

Texte du Code de droit can.	*Nouveau texte.*
§ 1. - La première tonsure et les ordres ne seront conférés qu'à ceux qui ont le propos d'accéder au sacerdoce et dont on peut conjecturer à juste titre qu'ils seront un jour de dignes prêtres.	§ 1. - *Le diaconat peut être conféré soit comme ordre transitoire préparant au sacerdoce soit, avec l'approbation du Saint-Siège, comme un diaconat permanent, mais tous ceux qui le recevront doivent recevoir d'abord les ministères de lecteur et d'acolyte.*
§ 2. - Cependant l'ordonné qui refuse de recevoir les ordres supérieurs ne peut y être forcé par l'évêque et l'exercice des ordres reçus ne peut lui être interdit, à moins qu'il n'y ait un empêchement canonique ou une autre cause jugée grave par l'évêque.	§ 2. - *Celui qui a reçu soit un « ministère » soit un ordre et* qui refuse de recevoir *le « ministère » ou* ordre supérieur, ne peut y être forcé par l'évêque. L'exercice *du « ministère » ou* de l'ordre reçus, ne peut lui être interdit, à moins qu'il n'y ait un empêchement canonique ou une autre cause jugée grave par l'évêque.

Texte du Code de droit can.

§ 3. - L'évêque ne conférera les ordres sacrés à personne, sans être moralement certain par des arguments positifs de son idoneité canonique; sinon, non seulement il pèche très gravement, mais il encourt également le péril de participer aux péchés d'autrui.

NOTE EXPLICATIVE: Les changements au § 1 du présent canon 973 proviennent du Motu Proprio « Ad Pascendum » du 15 août 1973, n. II et du Motu Proprio « Sacrum Diaconatus Ordinem » du 15 juin 1967, n. 1 et de la Constitution « Lumen Gentium » n. 29. Les changements introduits dans le § 2 sont exigés par l'introduction des ministères. Pour le § 3 on lira utilement le Décret « Optatam totius », n. 2 [120].

Can. 974.

Texte du Code de droit can.

§ 1. - Pour recevoir licitement les ordres il est nécessaire:

1° d'avoir reçu la confirmation;

2° d'avoir une conduite en rapport avec l'ordre à recevoir;

3° d'avoir l'âge canonique;

4° de posséder la science requise;

5° d'avoir reçu les ordres inférieurs;

6° d'observer les interstices;

7° d'avoir un titre canonique, s'il s'agit des ordres majeurs.

Nouveau texte.

§ 1. - Pour recevoir licitement les *ministères* ou les ordres il est nécessaire:

1° d'avoir reçu la confirmation;

2° d'avoir une conduite en rapport avec **le ministère** ou l'ordre à recevoir;

3° d'avoir l'âge canonique;

4° de posséder la science requise;

5° d'avoir reçu **les ministères** ou ordres inférieurs;

6° d'observer les interstice **fixés par le St.-Siège ou les conférences épiscopales;**

7° d'avoir un titre canonique, s'il s'agit des ordres (. . .).

Texte du Code de droit can.

§ 2. - En ce qui concerne la consécration épiscopale, on observera les prescriptions du can. 331.

NOTE EXPLICATIVE: Les changements introduits au § 1 du présent canon 974 proviennent de l'introduction des ministères au lieu des ordres mineurs.

Can. 975.

Texte du Code de droit can.

Le sous-diaconat ne sera pas conféré avant vingt-en-un ans accomplis, le diaconat avant vingt-deux ans accomplis, la prêtrise avant vingt-quatre ans accomplis.

Nouveau texte.

(. . .) Le diaconat *transitoire* ne sera pas conféré avant *vingt-deux ans* accomplis; *le diaconat permanent, avant l'âge de vingt-cinq ans révolus, et, s'il s'agit de candidats mariés, après de nombreuses années de vie conjugale, à moins que la Conférence épiscopale n'exige un âge plus avancé*; le sacerdoce avant vingt-quatre ans accomplis.

Nouveau texte.

Les Ordinaires du lieu peuvent cependant, pour un juste motif dispenser du défaut d'âge requis pour les ordres, lorsqu'il ne dépasse pas un an; les supérieurs généraux des instituts religieux ainsi que l'abbé d'une congrégation monastique, avec le consentement de leur conseil respectif, ne peuvent dispenser que de six mois.

NOTE EXPLICATIVE: Le changement introduit au présent canon 975 provient de la suppression du sous-diaconat par le Motu Proprio « Ministeria quaedam » du 15 août 1972, n. IV et du Motu Proprio « Sacrum Diaconatus Ordinem » du 18 juin 1967, nn. 5, 13 et du Motu Proprio « Ad pascendum » du 15 août 1972, n. I. Le nouveau texte ajouté au présent canon provient du

Motu Proprio « De Episcoporum muneribus » du 15 juin 1966, n. IX, 6°, des Facultés « Cum admotae » du 6 novembre 1964, n. 6 et de l'interprétation donnée par la Commission d'interprétation des Décret du Concile Vatican II, du 19 juillet 1970, n. II [121].

Can. 976.

Texte du Code de droit can.

Texte du Code de droit can.	*Nouveau texte.*
§ 1. - Aucun séculier ni religieux ne peut être promu à la première tonsure, avant d'avoir commencé le cours de théologie.	§ 1. - *Pour recevoir le rite d'admission pour les candidats au diaconat et au presbytérat, il faut avoir commencé le cycle des études théologiques.*
§ 2. - Compte tenu de la prescription du can. 975, le sous-diaconat ne sera conféré qu'à la fin de la troisième année du cours de théologie, le diaconat qu'au début de la quatrième année, la prêtrise qu' après le milieu de la même quatrième année.	§ 2. - *La collation des ministères du lectorat et de l'acolytat aux candidats qui se destinent au sacerdoce doit être faite pendant le cycle des études théologiques.* *Compte tenu de la prescription du can. 975 les diacres appelés au sacerdoce ne doivent pas être ordonnés avant d'avoir achevé le cycle des études théologiques fixé par la conférence épiscopale en accord avec le St.-Siège; les diacres permanents seront ordonnés quand ils auront acquis la doctrine et la science exigées par la Conférence épiscopale; les prêtres seront ordonnés après avoir terminé leur cours de théologie, et exercé le ministère du diaconat pendant un temps convenable.*

Texte du Code de droit can.

§ 3. - Le cours de théologie doit être accompli, non pas en particulier, mais dans un des établissements institués à cet effet selon le programme des études déterminé au can. 1365.

NOTE EXPLICATIVE: Le changement du § 1 provient du Motu Proprio « Ad pascendum », I, IV. Le changement du § 2 du présent canon provient du Motu Proprio « Sacrum Diaconatus Ordinem » du 18 juin 1967, n. 14, du Motu Proprio « Ad pascendum » du 15 août 1972, n. VII a) et on lira aussi le Décret « Optatam totius », n. 12.

Can. 977.

Texte du Code de droit can.	*Nouveau texte.*
Les ordres doivent être conférés graduellement, de sorte que les ordinations par saut sont absolument interdites.	**Les ministères** et les ordres doivent être conférés graduellement, de sorte que les ordinations par saut sont absolument interdites.

NOTE EXPLICATIVE: Le changement introduit au présent canon 977 provient de l'introduction des ministères par le Motu Proprio « Ministeria quaedam » du 15 août 1972.

Can. 978.

Texte du Code de droit can.

§ 1. - Dans les ordinations, on observera les intervalles de temps pendant lesquels les ordonnés s'exerceront dans les ordres reçus, selon les prescriptions de l'évêque.

Texte du Code de droit can.	*Nouveau texte.*
§ 2. - Les interstices entre la tonsure et l'ostiariat ou entre chacun des ordres mineurs sont laissés à l'appréciation prudente de l'évêque; l'acolyte	§ 2. - *C'est au Saint-Siège ou aux Conférences épiscopales de déterminer les interstices à observer entre les ministères et entre l'acolytat et le diaconat.*

ne sera toutefois pas promu au sous-diaconat, le sous-diacre au diaconat, le diacre à la prêtrise, avant que l'acolyte n'ait passé au moins un an, le sous-diacre et le diacre au moins trois mois dans son ordre, à moins que la nécessité ou l'utilité de l'Église, au jugement de l'évêque, ne l'exige autrement.

§ 3. - Jamais cependant, sauf permission particulière du Souverain Pontife, les ordres mineurs ne pourront être conférés le même jour que le sous-diaconat, ni deux ordres majeurs en même temps, toute coutume contraire étant réprouvée; de même il n'est pas permis de conférer la tonsure avec un ordre mineur ou tous les ordres mineurs à la fois.

§ 3. - Jamais cependant, sauf permission particulière du Souverain Pontife, *les ministères ne peuvent être conférés le même jour ni l'un des ministères en même temps que le diaconat ni le diaconat en même temps que la prêtrise.*

NOTE EXPLICATIVE: Les changements introduits dans le présent canon 978 proviennent du Motu Proprio « Ministeria quaedam » du 15 août 1972 n. X et du Motu Proprio « Ad pascendum » du 15 août 1972, n. IV.

Can. 979.

Texte du Code de droit can.

§ 1. - Pour les clercs séculiers le titre canonique est le titre de bénéfice, ou, à son défaut, le titre de patrimoine ou de pension.

§ 2. - Ce titre doit être vraiment assuré pour toute la vie de l'ordonné et vraiment suffisant pour sa subsistance, suivant les règles à déterminer par les Ordinaires selon les diverses nécessités et circonstances de lieux et de temps.

Nouveau texte.

La collation des ministères ne donne pas un droit à recevoir de l'Église une subvention ou une rémunération. Il appartiendra aux Conférences épiscopales de fixer des normes précises pour l'honnête subsistance du diacre permanent et de sa famille, s'il est marié, selon les diverses circonstances de temps, de lieu et de personnes.

NOTE EXPLICATIVE: Le texte ajouté au présent canon. 979 provient du Motu Proprio « Ministeria quaedam » du 15 août 1972, n. XII et du Motu Proprio « Sacrum Diaconatus Ordinem » du 18 juin 1967, nn. 19-21 [122].

Can. 980.

Texte du Code de droit can.

§ 1. - Celui qui est dans les ordres sacrés et perd son titre doit s'en procurer un autre, à moins qu'au jugement de l'évêque il ne soit pourvu à son honnête sustentation d'une autre manière.

§ 2. - Ceux qui, sans indult apostolique, ont ordonné ou permis d'ordonner sciemment un de leurs sujets aux ordres sacrés doivent, eux et leurs successeurs, lui fournir les aliments nécessaires en cas de besoin, jusqu'à ce qu'il ait été pourvu autrement à une sustentation suffisante.

§ 3. - Si l'évêque a ordonné un clerc sans titre canonique, avec le pacte que l'ordonné ne lui demandera pas les aliments, ce pacte n'a aucune valeur.

Nouveau texte.

Les Conférences épiscopales veilleront à ce que, compte tenu des lois ecclésiastiques et civiles, il y ait dans chaque nation des institutions diocésaines ou interdiocésaines, qui pourvoient à la subsistance honnête du clergé ainsi qu'au versement d'indemnités convenables pour les clercs malades, infirmes ou âgés.

NOTE EXPLICATIVE: Le nouveau texte ajouté au présent canon 980 provient du Motu Proprio « Ecclesiae Sanctae » 6 août 1966, n. I, 8.

Can. 981.

Texte du Code de droit can.

§ 1. - Si aucun des titres mentionnés au can. 979, § 1 ne peut se réaliser, il peut y être suppléé par le titre de service du diocèse et, dans les endroits soumis à la S. Congr. de la Propagande, par le titre de service de la mission, à condition que l'ordinand se consacre par serment au service perpétuel du diocèse ou de la mission, sous l'autorité de l'Ordinaire du lieu en fonction.

§ 2. - L'Ordinaire doit accorder au prêtre, qu'il a promu au titre de service de l'Église ou de la mission, un bénéfice, ou un office, ou un subside suffisant pour assurer son honnête sustentation.

NOTE EXPLICATIVE: Le présent canon 981 n'a subi aucun changement depuis le Concile Vatican II, bien que la S. Congrégation de la Propagation de la Foi ait reçu le titre « Sacrée Congrégation pour l'évangélisation des peuples », tout en conservant aussi so ntitre de « Propagation de la Foi ». Cfr. Constitution « Regimini Ecclesiae universae » du 15 août 167, n. 81 [123].

Can. 982.

Texte du Code de droit can.

§ 1. - Pour les réguliers, le titre canonique est la profession religieuse solennelle ou, suivant l'expression courante, le titre de la pauvreté.

§ 2. - Pour les religieux à voeux simples perpétuels, c'est le titre de la table commune de la congrégation, ou quelque autre semblable, selon les constitutions.

§ 3. - Les autres religieux, même pour ce qui regarde le titre de l'ordination, sont régis par le droit des séculiers.

NOTE EXPLICATIVE: Le présent canon 982 n'a subi aucun changement depuis le Concile Vatican II.

Des irrégularités et autres empêchements.

Can. 983.

Texte du Code de droit can.

Aucun empêchement perpétuel, connu sous le nom d'irrégularité, par défaut ou par délit, n'est contracté, s'ils n'est indiqué dans les canons qui suivent.

NOTE EXPLICATIVE: Le présent canon 983 n'a subi aucun changement depuis le Concile Vatican II [124].

Can. 984.

Texte du Code de droit can.

Sont irréguliers par défaut:

1° les illégitimes, que l'illégitimité soit publique ou occulte, à moins qu'ils n'aient été légitimés ou n'aient fait des voeux solennels;

2° ceux qui, en raison d'un défaut corporel, ne peuvent avec sécurité par suite de débilité, ou avec décence par suite de difformité, exercer le ministère des autels. Neanmoins, il faut un défaut plus grave pour empêcher l'exercice d'un ordre légitimement reçu, et ce défaut n'interdira pas les actes qui peuvent être accomplis normalement;

3° ceux qui sont ou ont été épileptiques ou privés de raison ou possédés par le démon, s'ils le sont devenus après avoir reçu les ordres, et s'il est certain qu'ils ont cessé de l'être, l'Ordinaire peut permettre à ceux qui sont ses sujets d'exercer à nouveau les ordres reçus;

4° les bigames, c'est-à-dire ceux qui ont contracté successivement deux ou plusieurs mariages valides;

5° ceux qui ont encouru l'infamie légale;

6° le juge qui a porté la sentence de mort;

7° ceux qui ont accepté la fonction de bourreau et leurs aides volontaires et immédiats dans l'exécution d'une sentence capitale.

NOTE EXPLICATIVE: Le présent canon 984 n'a subi aucun changement depuis le Concile Vatican II [125].

Can. 985.

Texte du Code de droit can.

Sont irréguliers par délit:

1° les apostats, les hérétiques, les schismatiques;

2° ceux qui, sauf en cas d'extrême nécéssite, ont permis que le baptême leur ait été conféré, de n'importe quelle façon que ce soit, par des non-catholiques;

3° ceux qui osent attenter un mariage ou en accomplir les formalités civiles, lorsqu'il sont eux-mêmes tenus par le lien du mariage ou par l'ordre sacré ou par des voeux de religion même simples et temporaires, ou lorsque la femme est liée par ces mêmes voeux ou par un mariage valide;

4° ceux qui volontairement ont commis un homicide ou un avortement de foetus humain, suivis d'effet, et tous leurs coopérateurs;

5° ceux qui se sont mutilés eux-mêmes, ou ont mutilé les autres, ou ont essayé de se suicider;

6° les clercs exerçant la médecine ou la chirurgie qui leur sont défendues, si mort s'ensuit;

7° ceux qui posent l'acte d'un ordre réservé aux clercs majeurs, bien qu'ils n'aient pas reçu cet ordre ou qu'ils aient été privés de son exercice par peine canonique soit personnelle, médicinale ou vindicative, soit locale.

NOTE EXPLICATIVE: Le présent canon 985 n'a subi aucun changement depuis le Concile Vatican II [126].

Can. 986.

Texte du Code de droit can.

Tous ces délits n'engendrent irrégularité que si ce sont des péchés graves, commis après le baptême (excepté le cas du can. 985, 2°) et externes, soit publics soit occultes.

NOTE EXPLICATIVE: Le présent can. 986 n'a subi aucun changement depuis le Concile Vatican II [127].

Can. 987.

Texte du Code de droit can.

1° Sont simplement empêchés les fils de non-catholiques, tant que leurs parents persistent dans leur erreur;

2° les hommes mariés;

3° ceux qui exercent une fonction ou une gestion interdite aux clercs, dont ils doivent rendre des comptes, jusqu'à ce que, ayant abandonné la fonction ou la gestion, et rendu leurs comptes, ils en soient libérés;

4° les esclaves proprement dits tant qu'ils n'ont pas acquis la liberté;

5° ceux qui sont astreints par la loi civile au service militaire ordinaire, avant de l'avoir accompli;

6° les néophytes, jusqu'à ce que, au jugement de l'Ordinaire, ils aient été suffisamment éprouvés;

7° ceux qui sont frappés d'infamie de fait, tant qu'elle subsiste au jugement de l'Ordinaire.

NOTE EXPLICATIVE: Le présent canon 987 n'a subi aucun changement depuis le Concile Vatican II, en tenant compte cependant que le n. 2 ne concerne pas les diacres permanents, puisqu'on peut conférer le diaconat permanent à des hommes mariés selon les normes données au canon 973, et au Motu Proprio « Sacrum Diaconatus Ordinem », n. 11 [128].

Can. 988.

Texte du Code de droit can.

L'ignorance des irrégularités par délit ou par défaut et celles des empêchements n'excusent pas de ces irrégularités ou de ces empêchements.

NOTE EXPLICATIVE: Le présent canon 988 n'a subi aucun changement depuis le Concile Vatican II.

Can. 990.

Texte du Code de droit can.

§ 1. - Il est permis aux Ordinaires de dispenser par eux-mêmes ou par autrui, leurs sujets, de toutes les irrégularités provenant d'un délit occulte, sauf de celles dont parle le can. 985, 4° et des autres qui seraient portées devant le for judiciaire.

Nouveau texte.

Les Ordinaires du lieu, ainsi que les supérieurs généraux des instituts cléricaux ou l'abbé président d'une congrégation monastique avec le consentement de leur conseil peuvent dispenser de l'empêchement aux ordres, ceux de leurs sujets, qui sont fils de non-catholiques, tant que leurs parents demeurent dans l'erreur, ceux qui sont de naissance illégitime, mais qui ne sont ni sacrilèges ni adultérins.

Les mêmes autorités peuvent aussi dispenser leurs sujets déjà ordonnés, et seulement afin qu'ils puissent célébrer la messe ou qu'ils puissent acquérir ou retenir des bénéfices ecclésiastiques, de toute irrégularité encourue par délit, ou par défaut, à condition que le ministère de l'autel soit accompli suivant les règles et qu'il n'en résulte pas de scandale, exception faite cependant pour les cas prévus au canon 985, nn. 3, 4 et après abjuration entre les mains de celui qui donne l'absolution s'il s'agit du crime d'hérésie ou de schisme.

Texte du Code de droit can.

§ 2. - La même faculté appartient à chaque confesseur dans les cas occultes les plus urgents, lorsqu'il est impossible d'atteindre l'Ordinaire et qu'il y a péril de grave dommage ou d'infamie, mais seulement pour que le pénitent puisse exercer les ordres déjà reçus.

NOTE EXPLICATIVE: Le nouveau texte introduit après le § 1 du présent canon 990 provient du Motu Proprio « Pastorale munus » du 30 novembre 1963, n. 1, 17, 35, 36 et des Facultés « Cum admotae » du 6 novembre 1964, nn. 7, 8. Les Ordinaires du lieu qui dispensent des lois générales en des cas particuliers doivent tenir compte cependant du Motu Proprio « De Episcoporum muneribus » du 15 juin 1966, n. IX, 1, 2, 8, 9, 10. Il faut tenir compte aussi que le § 2 du présent canon se réfère seulement au § 1 du même canon et non au texte nouveau introduit dans ce canon [129].

Can. 991.

Texte du Code de droit can.

§ 1. - Dans les demandes de dispense pour les irrégularités et les empêchements, toutes les irrégularités et tous les empêchements doivent être indiqués; cependant une dispense générale vaudra également pour ceux omis de bonne foi, les cas exceptés au can. 990, § 1 étant exclus, mais non pour ceux omis de mauvaise foi.

§ 2. - S'il s'agit de l'irrégularité pour homicide volontaire, le nombre des délits est également à exprimer sous peine de nullité de la dispense à concéder.

§ 3. - Une dispense générale pour les ordres vaut également pour les ordres majeurs; celui qui l'a reçue peut obtenir tous les bénéfices non consistoriaux, même avec charge d'âmes, mais il ne peut être nommé cardinal, évêque, abbé ou prélat nullius, supérieur majeur dans une religion cléricale exempte.

§ 4. - La dispense accordée au for interne non sacramentel doit être libellée par écrit; et il doit en demeurer trace dans le livre secret de la curie.

NOTE EXPLICATIVE: Le présent canon 991 n'a subi aucun changement depuis le Concile Vatican II, en tenant compte au § 3 que les ordres actuels correspondent tous à certains des ordres majeurs indiqués dans le Code de droit canonique [130].

De ce qui doit précéder l'ordination sacrée.

Can. 992.

Texte du Code de droit can.	*Nouveau texte.*
Tous ceux, tant séculiers que réguliers, qui veulent être promus aux ordres en manifesteront l'intention, par eux-mêmes ou par autrui, en temps opportun avant l'ordination, à l'évêque ou à ceux qui le remplacent pour cette question.	Tous ceux, tant séculiers que réguliers, qui veulent être promus *aux ministères ou aux ordres en feront la demande en temps opportun avant l'institution ou l'ordination, à l'Ordinaire (évêque ou dans les instituts religieux de clercs su-*

périeurs majeurs), dans une déclaration écrite et signée de leur propre main, dans laquelle ils attesteront qu'ils reçoivent ce ministère ou cet ordre librement et de plein gré.

NOTE EXPLICATIVE: Le nouveau texte ajouté au présent canon 992 provient du Motu Proprio « Ad pascendum » du 15 août 1972, n. V et « Ministeria quaedam » n. VIII, a.

Can. 993.

Texte du Code de droit can.

Les séculiers, ou les religieux, qui sont régis pour l'ordination par le droit des séculiers, fourniront en vue de l'ordination:

1° l'attestation de la dernière ordination reçue ou, s'il s'agit de la première tonsure, le certificat de baptême et de confirmation;

2° l'attestation que les études requises pour chaque ordre en vertu du can. 976, ont été accomplies;

3° le témoignage du recteur du séminaire, ou du prêtre à qui le candidat a été confié en dehors du séminaire, au sujet des bonnes moeurs de ce candidat;

4° les lettres testimoniales de l'Ordinaire du lieu où le candidat a passé un temps suffisant pour contracter un empêchement canonique;

Nouveau texte.

Les séculiers, ou les religieux, qui sont régis pour l'ordination par le droit des séculiers, fourniront en vue *de l'institution* ou de l'ordination:

1° l'attestation de la dernière ordination **ou du dernier ministère reçu** *ou, s'il s'agit du lectorat,* le certificat de baptême et de confirmation;

2° l'attestation que les études requises pour chaque ordre en vertu du can. 976, ont été accomplies;

3° le témoignage du recteur du séminaire, ou du prêtre à qui le candidat a été confié en dehors du seminaire, au sujet des bonnes moeurs de ce candidat;

4° les lettres testimoniales de l'Ordinaire du lieu où le candidat a passé un temps suffisant pour contracter un empêchement canonique;

5° les lettres testimoniales du supérieur majeur religieux, si le candidat est membre de quelque institut religieux.

5° les lettres testimoniales du supérieur majeur religieux, si le candidat est membre de quelque institut religieux.

Nouveau texte.

Un rite d'admission pour les candidats au diaconat et au presbytérat est établi par lequel ceux-ci manifestent leur volonté de s'offrir à Dieu et à l'Église pour exercer ces ordres. La libre demande du candidat est présentée au supérieur compétent (évêque et, dans les instituts religieux de clercs, le supérieur majeur) qui l'accepte s'il trouve dans le candidat les qualités requises et si celui-ci a vingt ans d'âge et a commencé le cycle de ses études théologiques. Ce même supérieur compétent doit fournir un certificat de cette « admission » au moment de l'ordination du candidat au diaconat.

NOTE EXPLICATIVE: Bien qu'il n'existe pas de document officiel pour justifier le changement au n. 1 du présent can. 993, il s'impose par le fait que les ordres mineurs ont été supprimés. Les nouveaux textes ajoutés proviennent du Motu Proprio « Ministeria quaedam » du 15 août 1972, n. VIII et du Motu Proprio « Ad pascendum » du 15 août 1972, n. 1.

Can. 994.

Texte du Code de droit can.

§ 1. - Le temps pendant lequel un candidat peut contracter un empêchement canonique est normalement, après la puberté, pour les soldats un trimestre, pour les autres un semestre; mais l'évêque qui ordonne peut exiger, s'il l'estime opportun, des testimoniales pour un temps de résidence plus bref ou pour le temps qui a précédé la puberté.

§ 2. - Si l'Ordinaire du lieu ne connaît pas assez par lui-même ou par autrui le candidat, pour pouvoir attester que celui-ci n'a contracté aucun empêchement canonique, pendant le temps passé sur son territoire, ou si le candidat a circulé dans tant de diocèses qu'il est impossible ou très difficile de demander toutes les lettres testimoniales, l'Ordinaire pourvoira tout au moins à ces lacunes en faisant prêter un serment supplétoire au candidat.

§ 3. - Si, après avoir obtenu les lettres testimoniales et avant l'ordination, le candidat a de nouveau passé le temps défini plus haut sur le même territoire, de nouvelles lettres testimoniales de l'Ordinaire du lieu sont nécessaires.

NOTE EXPLICATIVE: Le présent canon 994 n'a subi aucun changement depuis le Concile Vatican II.

Can. 995.

Texte du Code de droit can.

§ 1. - Même le supérieur religieux doit, dans ses lettres dimissoriales, attester non seulement que le candidat a émis la profession religieuse et appartient à la communauté d'une maison religieuse soumise à son autorité, mais aussi que celui-ci a accompli les études et rempli les autres conditions requises par le droit.

§ 2. - L'évêque, après avoir reçu ces dimissoires, n'a pas besoin d'autres lettres testimoniales.

NOTE EXPLICATIVE: Le présent canon 995 n'a subi aucun changement depuis le Concile Vatican II.

Can. 996.

Texte du Code de droit can.

§ 1. - Tout candidat aux ordres, séculier ou régulier, doit subir un examen préalable et sérieux sur l'ordre à recevoir.

§ 2. - Ceux qui seront promus aux ordes sacrés subiront également une épreuve sur d'autres matières théologiques.

§ 3. - Il appartient aux évêques de décider selon quelle méthode, devant quels examinateurs et sur quelle matière théologique les candidats seront examinés.

NOTE EXPLICATIVE: Le présent canon 996 n'a subi aucun changement depuis le Concile Vatican II en tenant compte, cependant, qu'actuellement les ordres correspondent à certains des ordres sacrés mentionnés dans le Code de droit canonique.

Can. 997.

Texte du Code de droit can.

§ 1. - L'Ordinaire du lieu qui ordonne de droit propre ou qui donne les dimissoriales fait passer cet examen tant pour les séculiers que pour les réguliers; il peut cependant, pour une juste cause, laisser cette charge à l'évêque qui fera l'ordination, si celui-ci veut accepter.

§ 2. - L'évêque qui ordonne un sujet d'autrui, séculier ou régulier, avec des dimissoriales légitimes dans lesquelles il est attesté que le candidat a subi l'examen conformément au § 1 et a été trouvé idoine, peut accepter cette attestation, mais il n'y est pas tenu et, s'il juge en conscience que le candidat n'est pas idoine, il ne l'ordonnera point.

NOTE EXPLICATIVE: Le présent canon 997 n'a subi aucun changement depuis le Concile Vatican II.

Can. 998.

Texte du Code de droit can.

§ 1. - Les noms de ceux qui seront promus à chacun des ordres majeurs, exception faite pour les religieux à voeux perpétuels solennels ou simples, doivent être annoncés publiquement dans l'église paroissiale de chaque candidat; mais l'Ordinaire peut, selon qu'il le juge bon, dispenser de cette publication pour une cause juste, ou ordonner qu'elle ait lieu également dans d'autres églises, ou la remplacer par un affichage aux portes de l'église pendant quelques jours qui comprendront au moins un jour de précepte.

§ 2. - La publication se fera un jour de fête de précepte, dans l'église, pendant la messe, ou à d'autres jours et heures où l'affluence du peuple est plus grande.

§ 3. - Si dans les six mois le candidat n'a pas été promu, la publication sera répetée, à moins que l'Ordinaire n'en juge autrement.

Note explicative: Le présent canon n'a subi aucun changement depuis le Concile Vatican II, en tenant compte cependant que les ordres sacrés correspondent aux ordres de diaconat et de presbytérat.

Can. 999.

Texte du Code de droit can.

Tous les fidèles sont obligés de révéler à l'Ordinaire ou au curé, avant l'ordination les empêchements aux ordres, dont ils auraient connaissance.

Note explicative: Le présent canon 999 n'a subi aucun changement depuis le Concile Vatican II, en tenant compte cependant que les ordres sacrés correspondent aux ordres de diaconat et de presbytérat.

Can. 1000.

Texte du Code de droit can.

§ 1. - L'Ordinaire demandera au curé qui fait la publication, et même à un autre, s'il le juge utile, d'enquêter avec diligence sur la vie et les moeurs du candidat auprès de personnes dignes de foi, et d'envoyer les lettres testimoniales, rendant compte de cette enquête et de la publication des bans, à la curie.

§ 2. - Le même Ordinaire n'omettra point de prendre, même à titre privé, toutes informations qu'il juge nécessaires ou opportunes.

Note explicative: Le présent canon 1000 n'a subi aucun changement depuis le Concile Vatican II.

Can. 1001.

Texte du Code de droit can.

§ 1. - Ceux qui seront promus à la première tonsure et aux ordres mineurs vaqueront

Nouveau texte.

§ 1. (. . .) Ceux qui se préparent aux ordres (. . .) doivent faire une retraite pendant six jours pleins (. . .).

à des exercices spirituels pendant trois jours pleins, ceux qui se préparent aux ordres sacrés, pendant six jours pleins; mais l'Ordinaire peut, en faveur de ceux qui reçoivent plusieurs ordres majeurs pendant un même semestre, réduire le temps des exercices préparatoires au diaconat, mais pas à moins de trois jours.

Texte du Code de droit can.

§ 2. - Si, après les exercices, l'ordination est remise pour n'importe quelle raison au delà d'un semestre, la retraite sera réitérée; si l'ordination a lieu dans le semestre, l'Ordinaire jugera s'il y a lieu de réitérer ou non la retraite.

§ 3. - Les religieux feront ces exercices spirituels dans leur propre couvent ou dans un autre, selon le jugement prudent de leur supérieur; les séculiers, au séminaire ou dans une maison pieuse ou religieuse désignée par l'évêque.

§ 4. - L'évêque s'assurera que les exercices ont été accomplis, par l'attestation du supérieur de la maison où ils l'ont été, ou du supérieur majeur, s'il s'agit de religieux.

Note explicative: Les omissions faites au § 1 du présent can. 1001 s'imposent par suite du changement du nombre des ordres, qui ne sont plus que deux: le diaconat et le sacerdoce.

Des rites et des cérémonies de l'ordination sacrée.

Can. 1002.

Texte du Code de droit can.

En conférant chaque ordre, le ministre observera rigoureusement les rites propres décrits dans le pontifical romain ou dans les autres livres litur-

Nouveau texte.

En conférant chaque **ministère ou** ordre, le ministre observera rigoureusement les rites propres décrits dans le pontifical romain ou dans les augiques approuvés par l'Église; il ne peut pour aucune raison omettre ou intervertir des rites.

tres livres liturgiques approuvés par l'Église; il ne peut pour aucune raison omettre ou intervertir des rites.

NOTE EXPLICATIVE: Le nouveau texte ajouté au présent canon 1002 provient du fait que les ordres mineurs sont remplacés par les ministères, cf. Motu Proprio « Ministeria quaedam » du 15 août 1972. Les livres liturgiques sont le « De Ordinatione Diaconi, Presbyteri et Episcopi », publié le 15 août 1968 et le « De Institutione Lectorum et Acolythorum, de Sacro Coelibatu amplectendo » publié le 3 décembre 1973 [131].

Can. 1003.

Texte du Code de droit can.

C'est le ministre même de l'ordination ou de la consécration épiscopale qui doit célébrer la messe de l'ordination ou de la consécration.

Nouveau texte.

C'est le ministre même de l'ordination **ou des ministères** (. . .) qui doit célébrer **ou être le célébrant principal dans la concélébration** de la messe de l'ordination (. . .).

NOTE EXPLICATIVE: Le changement introduit dans le présent canon 1003 provient du « De Ordinatione, Diaconi, Presbyteri et Episcopi », publié le 15 août 1968, où on ne parle plus de la consécration épiscopale. On parle de ministères au lieu des ordres mineurs, qui ont été supprimés par le Motu Proprio « Ministeria quaedam » du 15 août 1972.

Can. 1004.

Texte du Code de droit can.

Si quelqu'un, déjà promu à certains ordres dans le rite oriental, obtient un indult du Saint-Siège pour recevoir les ordres ultérieurs dans le rite latin, il doit d'abord recevoir dans le rite latin les ordres qu'il

Nouveau texte.

Si quelqu'un, déjà promu à certains ordres dans le rite oriental, obtient un indult du Saint-Siège pour recevoir les ordres ultérieurs dans le rite latin, il doit d'abord recevoir dans le rite latin **les ministères**

Texte du Code de droit can.	Nouveau texte.
n'aurait pas reçus dans le rite oriental.	et les ordres qu'il n'aurait pas reçus dans le rite oriental.

NOTE EXPLICATIVE: L'addition faite au présent canon 1004 provient du fait que les ordres mineurs ont été remplacés par les ministères selon le Motu Proprio « Ministeria quaedam » du 15 août 1972.

Can. 1005.

Texte du Code de droit can.

Tous ceux qui sont promus aux ordres majeurs sont tenus de recevoir la sainte communion au cours de la messe même d'ordination.

NOTE EXPLICATIVE: Le présent canon 1005 n'a subi aucun changement depuis le Concile Vatican II, mais il faut tenir compte que les ordres sacrés sont seulement le diaconat et la prêtrise.

Du temps et du lieu de l'ordination sacrée.

Can. 1006.

Texte du Code de droit can.	*Nouveau texte.*
§ 1. - Le consécration épiscopale doit être conférée au cours des cérémonies de la messe, un dimanche ou un jour de fête des Apôtres.	§ 1. - L'*ordination* épiscopale doit être conférée au cours des cérémonies de la messe, **avec grande assistance du peuple,** un dimanche ou un jour de fête (. . .), *à moins qu'une raison pastorale invite à préférer un autre jour comme par exemple la fête des Apôtres.*
§ 2. - Les ordinations aux ordres majeurs se célèbreront, au cours des cérémonies de la messe, les samedis des Quatre-temps, le samedi avant le di-	§ 2. - Les ordinations aux ordres (. . .) se célèbreront au cours des cérémonies de la messe **avec grande assistance du peuple,** *un jour de dimanche ou*

manche de la Passion, ou le samedi-saint.	*de fête, à moins qu'une raison pastorale invite à d'autres choix.*
§ 3. - Pour une raison grave, l'évêque peut faire les ordinations n'importe quel dimanche ou jour de précepte.	§ 3. - (...).
§ 4. - La première tonsure peut être conférée n'importe quelle heure; les ordres mineurs, tous les dimanches et aux fêtes doubles, le matin seulement.	§ 4. - *Le lectorat et l'admission des candidats aux ordres sont conférés soit pendant la messe soit au cours d'une célébration de la parole de Dieu; l'acolytat pendant la messe seulement.*
§ 5. - Toute coutume contraire aux temps d'ordination prescrits dans les paragraphes précédents est réprouvée; ils sont également à observer lorsqu'un évêque de rite latin ordonne, en vertu d'un indult apostolique, un clerc de rite oriental ou inversement.	§ 5. - (...) *Les prescriptions indiquées au paragraphe précédent* doivent être observées également lorsqu'un évêque de rite latin, en vertu d'indult apostolique, confère *les ministères ou les ordres à un candidat* de rite oriental ou inversement.

NOTE EXPLICATIVE: Les changements introduis dans le présent canon 1006 proviennent de « De Ordinatione Episcopi, Presbyteri et Diaconi » publié le 15 août 1968, n. 1, « De Institutione Lectorum, Acolythorum, de admissione inter candidatos ad Diaconatum et Presbyteratum » Praenotanda n. 1, du 3 décembre 1972 ainsi que les changements imposés par l'introduction des ministères au lieu des ordres mineurs.

Can. 1007.

Texte du Code de droit can.

Chaque fois qu'une ordination est réitérée ou qu'un rite doit être suppléé, de façon absolue ou conditionnelle, cela peut se faire en dehors des temps et secrètement.

NOTE EXPLICATIVE: Le présent canon 1007 n'a subi aucun changement depuis le Concile Vatican II.

Can. 1008.

Texte du Code de droit can.

En dehors de son propre territoire, et sans la permission de l'Ordinaire du lieu, l'évêque ne peut conférer les ordres dans la collation desquels les pontificaux sont exercés, la prescription du can. 239, § 1, 15⁰ demeurant sauve.

NOTE EXPLICATIVE: Le présent canon 1008 n'a subi aucun changement depuis le Concile Vatican II, mais il faut tenir compte que les ordres ne comprennent que le diaconat et la prêtrise, et que cette norme vaut aussi pour la collation des ministères.

Can. 1009.

Texte du Code de droit can.

§ 1. - Les ordinations générales doivent être célébrées publiquement à la cathédrale, les chanoines de cette église étant convoqués et présents; si elles ont lieu dans un autre endroit du diocèse, elles se feront en présence du clergé du lieu et autant que possible dans l'église la plus digne.

§ 2. - Il n'est pas interdit à l'évêque, pour une juste cause, de faire des ordinations particulières dans d'autres églises, ou même dans l'oratoire de la maison épiscopale, du séminaire, ou d'une maison religieuse.

Texte du Code de droit can.	*Nouveau texte.*
§ 3. - La première tonsure et les ordres mineurs peuvent être conférés même dans les oratoires privés.	§ 3. - *La collation du lectorat et de l'acolytat et l'admission des candidats aux ordres* peuvent être *célébrées* aussi dans des oratoires privés.

NOTE EXPLICATIVE: Le changement du § 3 du présent canon 1009 provient du fait que les ordres mineurs ont été supprimés par le Motu Proprio « Ministeria quaedam » du 15 août 1972 et le Motu Proprio « Ad pascendum » du 15 août 1972.

De l'inscription et du certificat de l'ordination.

Can. 1010.

Texte du Code de droit can.

§ 1. - L'ordination terminée, les noms de tous ceux qui ont été ordonnés et du ministre qui a conféré les ordres, le lieu et le jour de l'ordination, seront annotés dans un livre particulier à conserver dans la curie du lieu d'ordination, et tous les documents de chaque ordination seront soigneusement gardés.

§ 2. - On donnera à tous ceux qui ont été ordonnés un témoignage authentique de l'ordination reçue; ceux qui l'ont été par un évêque étranger avec des lettres dimissoriales montreront ce témoignage à leur Ordinaire propre, aux fins d'inscription de l'ordination dans le livre spécial à conserver aux archives.

Note explicative: Le present canon 1010 n'a subi aucun changement depuis le Concile Vatican II.

Can. 1011.

Texte du Code de droit can.	*Nouveau texte.*
En outre l'Ordinaire du lieu, s'il s'agit d'ordonnés appartenant au clergé séculier, ou le supérieur majeur, s'il s'agit de religieux ordonnés avec des lettres dimissoriales, transmettront la notification de l'ordination de chaque sous-diacre au curé du baptême, qui fera l'annotation au registre des baptisés conformément au can. 470, § 2.	En outre, l'Ordinaire du lieu, s'il s'agit d'un ordonné appartenant au clergé séculier, ou le supérieur majeur, s'il s'agit d'un religieux ordonné avec des lettres dimissoriales, transmettront la notification de l'ordination de chaque *diacre* au curé du baptême, qui fera l'annotation au registre des baptisés conformément au can. 470, § 2.

Note explicative: Le changement introduit au présent canon 1011 provient du fait que l'ordre de sous-diaconat a été supprimé par le Motu Proprio « Ministeria quaedam » du 15 août 1972, n. IV.

NOTES

[1] J. MADDEN, *Administering the Sacraments to Non-Catholics,* dans *Australasian Catholic Record,* 1963, 204-211. - F.J. CONNELL, *Holy Communion for Non-Catholics,* dans *American Ecclesiastical Review,* 1964, 47-52. - F. J. CONNELL, *A Prominent Non-Catholic at the Communion Rails,* dans *American Ecclesiastical Review,* 1965, 264-265. - A. M. CARR, *Assisting the Dying Non-Catholic,* dans *Homiletic and Pastoral Review,* 1965, 248-250. - A. M. CARR, *Administering the Sacraments to Non-Catholics,* dans *Homiletic and Pastoral Review,* 1966, 342-343. - V. MULAGO, *Sauver la vérité des sacrements dans nos jeunes chrétientés,* dans *Revue du Clergé africain,* 1967, 274-291. - T. GARCIA BARBERENA, *The Canonical Ordering of the Sacraments,* dans *Concilium,* vol. 8/4, 5-9. - I. ZUZEK, *Some aspects of the Sacramental Canon Law of the Christian East,* dans *Concilium,* vol. 8/4, 75-82. - H. B. MEYER, *Können wiederverheiratete Geschiedene zu den Sakramenten zugelassen werden? Diskussionsbeitrag zu einer drängenden Pastoralfrage,* dans *Zeitschrift für katholische Theologie,* 1969, 121-149. - C. MUNIER, *Divorce et divorcés d'après les Statuts synodaux des diocèses de France,* dans *Année canonique,* 1969, 123-143. - E. SIEDLECKI, *Renewing the Sacraments,* dans *Chicago Studies,* 1969, 189-200. - L. RABBINI, *Integrità della forma nei sacramenti,* dans *Palestra del Clero,* 1969, 833-834. - A. M. CARR, *On admitting a Non-Catholic to Holy Communion,* dans *Homiletic and Pastoral Review,* 1969, 232-234. - L. L. MCREAVY, *The Position of the Catholic Church on Eucharistic Communion between Christians of Different Confessions,* dans *Clergy Review,* 1970, 724-726. - A. COQUART, *« Communicatio in sacris » et restauration de l'unité,* dans *Année canonique,* 1971, 145-154. - M. BREYDY, *Declaración del Secretariado para la Union de los Cristianos sobre la Eucaristia común entre las diversas confesiones,* dans *Revista Espanôla de Derecho Canonico,* 1971, 109-123. - V. MULAGO gwa CIKALA MÙSHARHAMINA, *Symbolisme dans les Religions traditionnelles africaines et sacramentalisme,* dans *Revue du Clergé africain,* 1972, 467-502. - *The Windsor Statement on Eucharistic Doctrine,* dans *Worship,* 1972, 2-14. - R. L. STEWART, *Admission to Holy Communion,* dans *Clergy Review,* 1973, 619-633.

[2] D. O'CALLAGHAN, *Conditional Baptism of Converts,* dans *Irish Ecclesiastical Record,* 1968, 341-346. - E. LAMIRANDE, *The Problem of the Validity of Baptism according to the « Directory concerning ecumenical matters »,* dans *Studia canonica,* 1968, 3-23.

[3] *Method of administering Holy Communion,* dans *Australasian Catholic Record,* 1969, 332-334.

[4] F.J. CONNELL, *Conditional Baptism of Converts,* dans *American Ecclesiastical Review,* 1965, 456-6448. - L. DENIS, *État de grâce,* dans *Revue du Clergé africain,* 1965, 430-433. - L. L. MCREAVY, *Baptism of Desire,* dans *Clergy Review,* 1966, 553-555. - W. G. NESSEL, *Rebaptisme in an Ecumenical Age,* dans *Homiletic and Pastoral Review,* 1967, 391-393. - R. KOSTERS, *Conditional Baptism,* dans *Concilium,* vol. 2/3, 2/67, 136-145. - F. A. PASTOR, *Reconocimiento ecuménico de la dimensión eclesial de bautismo,* dans *Estudios Eclesiasticos,* 1969, 345-381. - O. HEGGELBACHER, *Die Taufe als rechterheblicher, sakramentaler Akt in der christilichen Frühzeit,* dans *Oesterreichisches Archiv für Kirchenrecht,* 1969, 257-269. - F. FENN, *The Baptismal Practice of the Churches,* dans *Clergy Review,* 1970, 599-603. - J. COVENTY, *Towards Mutual Recognition of Baptism,* dans *Clergy Review,* 1971, 191-197. - *De Sacramentis,* dans *Communicationes,* 1971, 109-231. - J. E. VERCRUYSSE, *Wederzijdse dooperkenning in België,* dans *Collationes,* 1972, 109-114. - *Déclaration de reconnaissance interécclésiale du Bap-*

tême, dans *Revue du Clergé africain*, 1972, 319-324. - J. SHANGHNESSY, *Chrisstian Initiation: its Meaning in the Wordl today*, dans *Studia Canonica*, 1973, 75-91.

[5] J. COTTINO, *Battesimi in parrocchia*, dans *Perfice munus*, 1968, 393-399.

[6] E. F. REGATILLO, *Función de los diaconos*, dans *Sal Terrae*, 1968, 457-468. - L. L. MCREAVY, *Functions of Deacon*, dans *Clergy Review*, 1969, 711-713.

[7] J.-C. DIDIER, *Validité d'un Baptême clandestin*, dans *Ami du Clergé*, 1964, 30-31.

[8] M. RICHARDS, *The Adult Catechumenate in Paris*, dans *Clergy Review*, 1963, 362-369. - J. B. O'CONNELL, *The New Rite of Adult Baptism*, dans *Clergy Review*, 1963, 352-362.

[9] A. B. BOULAN, *The Conditional Baptism of Converts*, dans *Clergy Review*, 1964, 732-749. - E. F. REGATILLO, *Error on el sexo del bautizado*, dans *Sal Terrae*, 1965, 445 - L.A. CASTAGNOLA, *Why Infant Baptism?*, dans *Pastoral Life*, 1967, 46-49. - P. CROWLEY, *Infant Baptism and Christian Community*, dans *African Ecclesiastical Review*, 1973, 21-30. - A. M. CARR, *Rules on Conditional Baptism*, dans *Homiletic and Pastoral Review*, 1974, 76-77.

[10] F.J. CONNELL, *Baptism of a Fetus*, dans *American Ecclesiastical Review*, 1963, 415.

[11] A. M. CARR, *On Baptizing a Foundling*, dans *Homiletic and Pastoral Review*, 1967, 342-344.

[12] A. DE BONHOME, *Conditions pour la réception des Sacrements*, dans *Revue du Clergé africain*, 1963, 35-40. - J. LÓPEZ DE PRADO, *El Derecho de bautizar a lo sinfantes hijos de infieles según los Teólogos-Juristas de la Compañia de Jesús*, dans *Revista Española de Derecho Canónico*, 1964, 307-339. - J. LOPEZ DE PRADO, *El derecho de bautizar a los infantes hijos de infieles en el pensamiento de G. Vasquez*, dans *Revista Española de Derecho Canónico*, 1965, 565-577. - E. ESCUDERO, *Aspectos juridicos del Bautismo*, dans *Teologia y Vida*, 1974, 184-194.

[13] L. L. MCREAVY, *Baptism of Children of Invalidly Married Catholics*, dans *Clergy Review*, 1963, 642-644. - A.M. CARR, *Baptizing Offspring of Lapsed Catholics*, dans *Homiletic and Pastoral Review*, 1964, 976. - L. L. MCREAVY, *Baptizing Children of Lapsed Catholics*, dans *Clergy Review*, 1969, 60-64.

[14] M. HURLEY, *Conditional Baptism*, dans *The Furrow*, 1965, 87-92. - J. C. DIDIER, *Foi et Baptême d'un enfant*, dans *Ami du Clergé*, 1965, 396. - F. TIMMERMANS, *Reception into the Church*, dans *Clergy Monthly*, 1966, 150-153. - M. HUFTIER, *Les postulants polygames et leur admission aux premiers rites du baptême*, dans *Ami du Clergé*, 1965, 635-636. - F.F.J.D.C., *Le Baptême et le péché originel*, dans *Revue du Clergé africain*, 1969, 86-88. - F.J. IRRUTIA, *Catechumenatus ita Concilium Oecumenicum Vaticanum secundum*, dans *Periodica*, 1974, 121-144.

[15] J. BUCKLEY, *The Celebration of Baptism*, dans *Clergy Review*, 1963, 346-352. - B. NEWS, *The New Rite of Infant Baptism*, dans *Clergy Review*, 1969, 54-58. - L. LIGIER, *Le nouveau rituel du baptême des enfants*, dans *Maison-Dieu*, 1969, 7-31. - R. H. GUERRETTE, *The New Rite of Infant Baptisme*, dans *Worship*, 1969, 224-230. - B. NEWS, *The Ordo Baptismi Parvulorum*, dans *Clergy Review*, 1969, 703-710.

[16] L. L. MCREAVY, *Baptism and Change of Rite of Ukrainian Catholics*, *Clergy Review*, 1965, 714-716.

[17] P. MULDOON, *Renewing of Lustral Water*, dans *Irish Ecclesiastical Record*, 1964, 346.

[18] L. L. MCREAVY, *New Norms for Conditional Baptism of Converts*, dans *Clergy Review*, 1967, 889-903.

[19] E. HILLMAN, *The Question of Names*, dans *African Ecclesiastical Review*, 1967, 45-49. - P. KALANDA, *The Question of Names*, dans *African Ecclesiastical Review*, 1967, 238-240. - *African Names in Christian Tradition*,

dans *African Ecclesiastical Review,* 1972, 350-352. - C. LEFÈBVRE, *Actes récents du Saint Siège: Baptêmes et noms chrétiens,* dans *Année canonique,* 1974, 286.

[20] P. M. BOYLE, *Godparents,* dans *The Priest,* 1966, 847-848.

[21] J.-C. DIDIER, *Parrain au Baptême,* dans *Ami du Clergé,* 1967, 442.

[22] J. MADDEN, *Sponsor et Baptism,* dans *Austrialasian Catholic Record,* 1963, 202-204. - E. F. REGATILLO, *Padrino de Bautismo por procurador,* dans *Sal Terrae,* 1964, 54-55; 1965, 643-644; 1967, 721-724. - T. CUMINGHAM, *Baptismal Sponsors, Mariage Witnesses - Ecumenical Principles,* dans *Irish Ecclesiastical Record,* 1968, 297. - E. F. REGATILLO, *Padrino del Bautismo,* dans *Sal Terrae,* 1971, 879.

[23] J. A. ABBO, *Priest as sponsor at Baptism,* dans *The Priest,* 1963, 59. - L.L. MCREAVY, *Age required in a Baptismal Godparent,* dans *Clergy Review,* 1966, 389-390. P.M. BOYLE, *Religious as Godparents,* dans *The Priest,* 1966, 848-849. - P. BERRYMAN, *Infant Baptism in Urban Latin America,* dans *Concilium,* vol. 3/3, 3/67, 159-171.

[24] T. J. HARRINGTON, *Impediments of Spiritual Relationschip in which the Baptism was administered in a Non-Catholic Church,* dans *The Jurist,* 1971, 522-525.

[25] T. CUNNINGHAM, *How soon must Infants be baptized?,* dans *Irish Ecclesiastical Record,* 1963, 405. - F. TIMMERMANS, *Delaying Baptism,* dans *Clergy Monthly,* 1964, 385-389. - W. ALLEN, *Infants and Baptism,* dans *Pastoral Life,* 1966, 559-560. - P. T. CAMELOT, *Le baptême des petits enfants dans l'Église des premiers siècles,* dans *Maison-Dieu,* 1966, 23-42. - *Document épiscopal sur la pastorale du baptême des petits enfants,* dans *Maison-Dieu,* 1966, 43-56. - F. FARREAU, *La demande du baptême: que veulent les parents?,* dans *Maison-Dieu,* 1967, 87-100. - R. X. REDMOND, *Infant Baptism: History and Pastoral Problems,* dans *Theological Studies,* 1969, 79-89. - P. A. LIÉGÉ, *Le baptême des enfants dans le débat pastoral et théologique,* dans *Maison-Dieu,* 1971, 7-28. - E. ESCUDERO, *Aspectos juridicos del Bautismo,* dans *Teologia y Vida,* 1974, 184-194.

[26] W. ALLEN, *Adoption - baptismal Record,* dans *Pastoral Life,* 1965, 630-631.

[27] J. A. ABBO, *Baptism and Penance. - Revision of the Code,* dans *American Ecclesiastical Review,* 1963, 14-28.

[28] P. BOYLE, *Baptismal Record for Illegitimate,* dans *The Priest,* 1965, 967-968. - A. M. CARR, *Names of Parents of Illegitimates on Baptismal Register,* dans *Homiletic and Pastoral Review,* 1965, 72-73. - W. ALLEN, *Annotation of Illegitimacy?,* dans *Pastoral Life,* 1966, 313-314. - A. M. CARR, *« Public » Knowledge of Maternity and Baptismal Registration,* dans *Homiletic and Pastoral Review,* 1966, 610-611. - W. ALLEN, *Baptismal Certificates,* dans *Pastoral Life,,* 1966, 694-695. - E. F. REGATILLO, *Inscripción baptismal en dos parroquias,* dans *Sal Terrae,* 1972, 309-310.

[29] A. M. CARR, *Where enter the Baptismal Notation?,* dans *Homiletic and Pastoral Review,* 1965, 161-162.

[30] U. BETTI, *Riflessioni sulla Costituzione Apostolica « Divinae consortium Naturae »,* dans *Monitor Ecclesiasticus,* 1971, 483-487. - M. C. BRYCE, *Confirmation being and becoming Christian,* dans *Worship,* 1967, 284-298. - *De Sacramentis,* dans *Communicationes,* 1971, 109-231. - *Constitutio Apostolica de Sacramento Confirmationis,* dans *Apollinaris,* 1971, 559-565. - B. VIOLLE, *Problèmes pastoraux de la Confirmation, en France,* dans *Maison-Dieu,* 1972, 72-87.

[31] C. PIGOL, *De extensione potestatis confirmandi in Presbyteris orientalibus,* dans *Periodica,* 1959, 543-551. - V. NAVARRETE, *De ministris extraordinariis confirmationis in America latina et Insulis Philippinis,* dans *Periodica,* 1960, 143-190. - J. QUINN, *The Extraordinary Minister of Confirmation according to the most Recent Decree of the Sacred Congregations,* Rome, 1951. - J. NEUMANN, *Das Zusammenspiel von Weihegewalt und Hirtengewalt bei der Firmung,* dans *Archiv für katholisches Kirchenrecht,* 1962, 66-102. - T. CUNNINGHAM, *Extraordinary Minister of Confir-*

mation: New tempory general Faculty, dans *Irish Ecclesiastical Record*, 1963, 44. - T. CUNNINGHAM, *Confirmation and the Last Sacraments*, dans *Irish Ecclesiastical Record*, 1963, 313. - E. F. REGATILLO, *Confirmación condicionada en péligro de muerte*, dans *Sal Terrae*, 1964, 51-53. - T. CUNNINGHAM, *Parocho non praesente Clause in the Pastorale Munus*, dans *Irish Ecclesiastical Record*, 1965, 267-268. - L. L. MCREAVY, *Faculty to confirm « Parocho non praesente »*, dans *Clergy Review*, 1965, 154-155. - T. CUNNINGHAM, *Confirmation in a Nursin-Home: An Interpretation of the Pastorale Munus*, dans *Irish Ecclesiastical Review*, 1965, 183. - T. J. CONNOLLY, *The extraordinary Minister of Confirmation*, dans *Australasian Catholic Record*, 1966, 223-234. - L. L. MCREAVY, *Short Form for Emergency Confirmation*, dans *Clergy Review*, 1966, 643. - W. ALLEN, *Recent Confirmations Instruction*, dans *Pastoral Life*, 1967, 250-241. - W. ALLEN, *Priests and Confirmation*, dans *Pastoral Life*, 1967, 239-240. - A. MOSTAZA RODRIGUEZ, *The Minister of Confirmation*, dans *Concilium*, 8/4, 16-20. - H. MÜLLER, *Zum Sponder des Firmsakramentes auf Grund Zweiten Vatikanischen Konzils*, dans *Theologisch-praktisch Quartalschrift*, 1970, 349-353. - I. TING PONG LEE, *Novissimae Facultates Missionariae*, dans *Commentarium pro Religiosis*, 1972, 24-51.

32 F.J. CONNELL, *The Pastor's Obbligation to Confirm*, dans *American Ecclesiastical Review*, 1964, 270.

33 M. H., *Baptême, Confirmation et Obsèques des « Amentes »*, dans *Ami du Clergé*, 1963, 251-252. - E. RUFFINI, *What is the Proper Age to Receive Confirmation*, dans *Concilium*, 8/4, 21-24.

34 F. J. BUCKLEY, *What Age for Confirmation?*, dans *Theological Studies*, 1966, 655-666. - J.A. COLEMAN, *Toward a Renewal of Confirmation*, dans *Pastoral Life*, 1967, 153-160. - M. GWINNELL, *The Age - a Stagefor Comfirmation*, dans *Clergy Review*, 1970, 10-26. - B. LUYKX, *On Confirmation*, dans *Homiletic and Pastoral Review*, 1972, 59-67.

35 *Confirmation within Mass*, dans *Clergy Monthly*, 1969, 163.

36 T. CUNNINGHAM, *Sponsor in Danger of Death*, dans *Irish Ecclesiastical Record*, 1963, 275.

37 T. CUNNINGHAM, *The same Sponsor at Baptism and Confirmation*, dans *Irish Ecclestiastical Record*, 1963, 275. - J-C. DIDIER, *Parrain à la Confirmation*, dans *Ami du Clergé*, 1967, 442.

38 F.J. CONNELL, *Transubstantiation and the Hylomorphic Theory*, dans *American Ecclesiastical Review*, 1966, 134-135. - *Instruction sur le Culte du Mystère eucharistique*, dans *Ami du Clergé*, 1967, 378-382, 383-393. - W. ALLEN, *Consecrating*, dans *Pastoral Life*, 1967, 184-185. - J. M. R. TILLARD, *Commentaire de l'Instruction sur le culte eucharistique*, dans *Maison-Dieu*, 1967, 45-63. - P. R. SPIAZZI, *Eucharisticum Mysterium*, dans *Monitor ecclesiasticus*, 1968, 215-221. - J. J. HUGHES, *Eucharistic Sacrifice transcending the Reformation Deadlock*, dans *Worship* 1969, 532-544. - *De SSma Eucharistia*, dans *Communicationes*, 1972, 1-78. - *The Windsor Statement in Eucharistic doctrine*, dans *Worship*, 1972, 2-14. - H. J. RYAN, *Anglican Catholic Doctrinal Aggreement on the Eucharist*, dans *Worship*, 1972, 2-14.

39 A. G. MARTIMORT, *Le Rituel de la concélébration eucharistique*, dans *Ephemerides liturgicae*, 1963, 147-168. - G. HOEBERICHTS, *Concelebration, Theological Evaluation and Problems*, dans *African Ecclesiastical Review*, 1964, 138-154. - P. TITHON, *De la concélébration eucharistique*, dans *Nouvelle Revue théologique*, 1964, 579-607. - C. BRAYA, *Commentarium in ritum concelebrationis*, dans *Ephemerides Liturgicae*, 1965, 219-235. - P. L. MURPHY, *Concelebration*, dans *Australasian Catholic Record*, 1965, 242-249. - P. JOUNEL, *La célébration et la concélébration de la messe*, dans *Maison-Dieu*, 1965, 168-182. - P. M. BOYLE, *Daily Concelebration*, dans *The Priest*, 1966, 219-220. - *Permission for Concelebration*, dans *Clergy Monthly*, 1966, 480. - *Décret particulier... de la concélébration*, dans *Ami du Clergé*, 1967, 47. - T. CUNNINGHAM, *Concelebration*, dans *Irish Ecclesiastical Record*, 1968, 392-394. - R. FALSINI, *Concelebration*, dans *Concilium*, 8/4, 38-42. -

E. F. Regatillo, *La facultad de concelebrar,* dans *Sal Terrae,* 1968, 640-641. - E. F. Regatillo, *Fórmula de la consegración en la misa concelebrada,* dans *Sal Terrae,* 1968, 544-548. - E. F. Regatillo, *Número de misas o sacrificios en la concelebración,* dans *Sal Terrae,* 1968, 642-643. - E. F. Regatillo, *Misa concelebrada sin sumir el sanguis uno de los celebrantes,* dans *Sal Terrae,* 1968, 548-549. - J.B. O'Connell, *Concelebration,* dans *Clergy Review,* 1969, 141-142. - G. Oury, *Le binage à l'occasion des concélébrations,* dans *Esprit et vie,* 1973, 108-109.

[40] W. J. Schmitz, *Bination on Weekdays,* dans *The Priest,* 1963, 241. - F. J. Connell, *Bination on a Weekday,* dans *American Ecclesiastical Review,* 1963, 129-130. - L. L. McReavy, *Trination when a Visiting Priest is available,* dans *Clergy Review,* 1963, 382-385. - G. L., *When is Bination allowed,* dans *Clergy Monthly,* 1963, 113-114. - A. Peinador, *Binación en días ordinarios,* dans *Vida religiosa,* 1963, 392. - L. L. McReavy, *Bination on the Day of Priestly Ordination,* dans *Clergy Review,* 1963, 786-788. - F. Papini, *Causa « justa » para a binaçao em dias feriais,* dans *Revista Eclesiastica Brasileira,* 1964, 719-722. - E. Cardenas, *Facultades para binar,* dans *Christus,* 1964, 789-791. - E. F. Regatillo, *Trinación,* dans *Sal Terrae,* 1964, 527. - P. M. Boyle, *Concelebration and Bination,* dans *The Priest,* 1966, 63-64. - E. F. Regatillo, *Sacerdote que dijo cinco misas en un dia,* dans *Sal Terrae,* 1969, 386-388. - E. G. Regatillo, *Licencia del Obispo para binar,* dans *Sal Terrae,* 1972, 150-151. - E. F. Regatillo, *Binar concelebrando,* dans *Sal Terrae,* 1972, 385-385. - A. M. Carr, *Concelebration as Bination,* dans *Homiletic and Pastoral Review,* 1974, 73-74. - *Trination Faculty,* dans *The Jurist,* 1974, 168.

[41] F. J. Connell, *Some Recent Statements on the Sacrament of Penance,* dans *American Ecclesiastical Review,* 1966, 278-280.

[42] T. Cunningham, *The Eucharistic Fast for Priest Celebrants,* dans *Irish Ecclesiastical Record,* 1964, 178-179. - J. Madden, *Eucharistic Fast and the Celebration of Mass,* dans *Australasian Catholic Record,* 1964, 227-229. - F. Papini, *Jejun eucaristico mitigado para os sacerdotes,* dans *Revista Ecclesiastica Brasileira,* 1964, 732. - T. Cunningham, *Pastorale munus: The Eucharistic Fast when binating or trinating,* dans *Irish Ecclesiastical Record,* 1965, 414. - T. Cunningham, *Eucharistic Fast when binating and trinating,* dans *Irish Ecclesiastical Record,* 1965, 309. - *Reduction of the Time for the Eucharistic Fast,* dans *Australasian Catholic Record,* 1965, 175. - A.M. Carr, *Feels He needs Coffee between Masses,* dans *Homiletic and Pastoral Review,* 1966, 342. - P. M. Boyle, *Eucharistic Fast,* dans *The Priest,* 1966, 936-937. - P. M. Boyle, *Fast when binating,* dans *The Priest,* 1966, 938.

[43] M. Huftier, *Application de messes,* dans *Ami du Clergé,* 1965, 462. - M. Huftier, *Le trentain et la messe pour les vivants,* dans *Ami du Clergé,* 1968, 55-56.

[44] J. B. O'Connell, *The Vestiments of the Roman Rite,* dans *Clergy Review,* 1973, 205-210.

[45] L. L. McReavy, *Mass without a Server,* dans *Clergy Review,* 1968, 552-555. - J. P., *Mass without a Server,* dans *Clergy Monthly,* 1971, 264-266. - A. M. Carr, *Private Mass, O.K.?,* dans *Homiletic and Pastoral Review,* 1972, 74-75.

[46] J. Manzanares, *De oboedientia et charismate in re liturgica,* dans *Periodica,* 1971, 549-572.

[47] J. McHugh, *Num solus panis triticus sit materia valida SS. Eucharistiae?,* dans *Verbum Domini,* 1961, 229-23.9. - F. J. Connell, *Whole Wheat Bread for the Holy Eucharistic,* dans *American Ecclesiastical Review,* 1964, 370-371. - A.M. Carr, *Whole Wheat Altar Breads,* dans *Homiletic and Pastoral Review,* 1964, 344-346. - L. L. McReavy, *Altar-Breads Made from adulterated Wheaten Flour,* dans *Clergy Review,* 1965, 716-718. - E.J. Connell, *The Use of Must for Mass,* dans *American Ecclesiastical Review,* 1966, 206-207. - T. J. Connelly, *Vinum de Vite III,* dans *Australasian Catholic Record,* 1966, 24-39. - W. J. Schmitz, *Preserving Altar Breads in*

Deep Freeze, dans *The Priest,* 1966, 750. - J.J. O'ROURKE, *Some Speculations about the Mass,* dans *American Ecclesiastical Review,* 1967, 258-265.

[48] P. M. BOYLE, *Vernacular Mass,* dans *The Priest,* 1966, 497-499.

[49] J. B. O'CONNELL, *The New Typical Edition of the Roman Missel,* dans *Clergy Review,* 1963, 245-247. - *Vox in canone Missae,* dans *Ephemerides Liturgicae,* 1963, 412. - J. B. O'CONNELL, *The New Order of Mass,* dans *Clergy Review,* 1965, 352-360. - J. B. O'CONNELL, *Mass facing the People,* dans *Clergy Review,* 1965, 387-388. - A. M. CARR, *Saying Mass seated,* dans *Homiletic Ecclesiastical Review,* 1965, 872-874. - A. MICHEL, *Présence réelle et hosties consacrées,* dans *Ami du Clergé,* 1966, 573-575. - F. J. CONNELL, *Would the Consecration be valid?,* dans *American Ecclesiastical Review,* 1966, 350-351. - G. CONCETTI, *Il rito della messa,* dans *Vita Religiosa,* 1967, 382. - P. JOUNEL, *La composition de nouvelles prières eucharistiques,* dans *Maison-Dieu,* 1968, 38-76. - J. B. O'CONNELL, *The General Instruction of the Roman Missal,* dans *Clergy Review,* 1969, 817-821. - J. B. O'CONNELL, *The Normative Mass,* dans *Clergy Review,* 1969, 884-894. - B. NEWNS, *The New Lectionary,* dans *Clergy Review,* 1969, 981-987. - E. F. REGATILLO, *Misa de los sacerdotes ancianos,* dans *Sal Terrae,* 1972, 302-304. - A. M. CARR, *Tridentine Mass still permitted? The « New Mass » a « Great Sacrilege »?,* dans *Homiletic and Pastoral Review,* 1973, 68-73. - A. M. CARR, *Wrap-up on Exclusion of Tridentine Mass,* dans *Homiletic and Pastoral Review,* 1974, 69-71. A.M. CARR, *Permitted: Priest Twists People join in Part of Eucharistic Prayer?,* dans *Homiletic and Pastoral Review,* 1974, 74-75.

[50] E. F. REGATILLO, *Misa en lengua vulgar,* dans *Sal Terrae,* 1968, 69.

[51] E. F. REGATILLO, *Abrogación de facultades anteriores al Motu Proprio de Pablo VI, Pastorale munus,* dans *Sal Terrae,* 1967, 552-553. - E. F. REGATILLO, *Concelebración el Sábado Santo,* dans *Sal Terrae,* 1967, 806-808. - M. MARTINEZ CAVERO, *Lugar para la celebración de la Santa Misa,* dans *Sal Terrae,* 1969- 282-296.

[52] P. MULDOON, *Permission for Evening Mass,* dans *Irish Ecclesiastical Record,* 1963, 262. - A. PEINADOR, *Misas vespertinas,* dans *Vida religiosa,* 1963, 392. - *Evening Mass - Holy Office,* dans *The Jurist,* 1964, 97. - M. HUFTIER, *Messe du soir et pouvoirs des évêques,* dans *Ami du Clergé,* 1964, 638. - E. F. REGATILLO, *Misa por la tarde,* dans *Sal Terrae,* 1965, 583.

[53] E. F. REGATILLO, *Altar portatil,* dans *Sal Terrae,* 1963, 573-575. - A. M. CARR, *Mass in Private Homes,* dans *Homiletic and Pastoral Review,* 1965, 431-432. - T. CUNNINGHAM, *Permitting Mass in a Bedroom,* dans *Irish Ecclesiastical Record,* 1965, 412-413. - L. L. MCREAVY, *Mass in the Sacristy,* dans *Clergy Review,* 1965, 551-552. - A.M. CARR, *Can Bishop grant Portable Altar?,* dans *Homiletic and Pastoral Review,* 1966, 426-427. - W. ALLEN, *Cubiculm- ward?,* dans *Pastoral Life,* 1966, 115. - P. M. BOYLE, *Mass in a Bedroom,* dans *The Priest,* 1966, 65. - F. CANTELAR RODRIGUEZ, *Consagración de templos y misa militar de compaña,* dans *Revista Española de Derecho Canónico,* 1965, 165-171. - B. NEWNS, *The Instruction on Group Masses,* dans *Clergy Review,* 1970, 375-382. - *Instructio de Missis pro coetibus particularibus,* dans *Notitiae,* 1970, 49-55.

[54] E. F. REGATILLO, *El antimensio,* dans *Sal Terrae,* 1966, 705-706.

[55] A. M. CARR, *Render to Caesar,* dans *Homiletic and Pastoral Review,* 1963, 720-722. - J. A. ABBO, *Easter Vigil and Bination Stipend,* dans *The Priest,* 1963, 842. - F. J. CONNELL, *May the Stipend be retained?,* dans *American Ecclesiastical Review,* 1963, 435. - A. M. CARR, *He took Mass Stipends for Good Friday,* dans *Homiletic and Pastoral Review,* 1964, 712-713. - C. E. GILPATRIC, *Mass Stipends and Mass Intention,* dans *Worship,* 1964, 190-201. - A.M. CARR, *To whom this Stipend?,* dans *Homiletic and Pastoral Review,* 1964, 618-619. - T. CUNNINGHAM, *Decree 216 Maynooth Plenary Council: Mass Cards,* dans *Irish Ecclesiastical Record,* 1964, 179-180. - C. KENNY, *Mass Stipends: Origin and Relevance,* dans *Homiletic Ecclesiastical Review,* 1964, 842-850. - C. W. WEISS, *The Priest's Salary,* dans *Homiletic and Pastoral Review,* 1964, 134-135. - F.J. CONNELL, *Obligations of a Priest's Mass Association,* dans *American Ecclesiastical Review,* 1964,

345-346. - A.M. CARR, *Mass Stipends Taxable?*, dans *Homiletic and Pastoral Review*, 1965, 516-517. - G. J. SIGLER, *Mass Stipends: a new Approach*, dans *Pastoral Life*, 1965, 645-648. - C. KENNY, *Mass Stipends: Doctrinal Problems*, dans *Homiletic Ecclesiastical Review*, 1966, 306-311. - F.J. CONNELL, *Satisfying Obligation with unworthy Mass*, dans *American Ecclesiastical Review*, 1966, 133. - A. M. CARR, *Stipend for Concelebration*, dans *Homiletic and Pastoral Review*, 1966, 340. - A. M. CARR, *No Stipend permitted for that Bination*, dans *Homiletic Ecclesiastical Review*, 1966, 696-697. - S. ST. HILAIRE, *Eliminating Mass Stipends*, dans *Homiletic and Pastoral Review*, 1966, 845-851. - *Stipend for Concelebration*, dans *Clergy Monthly*, 1966, 444. - A. M. CARR, *Mass Stipends at a concelebrated Mass*, dans *Homiletic and Pastoral Review*, 1966, 879-880. - A. GUTIERREZ, *Restitution for Stipends accepted for second and third Masses*, dans *Commentarium pro Religiosis*, 1966, 339-346. - P. M. BOYLE, *Two Stipends in one Day*, dans *The Priest*, 1967, 317. - E. F. REGATILLO, *Estipendio de misas cantadas concelebradas*, dans *Sal Terrae*, 1967, 804-806. - A. M. CARR, *Stipend for binated Mass*, dans *Homiletic and Pastoral Review*, 1968, 244-245. - A. M. CARR, *Again: Stipend for that binated Mass*, dans *Homiletic and Pastoral Review*, 1969, 402. - W. F. ALLEN, *Second Mass Stipends*, dans *Pastoral Life*, 1969, 140-141. - A. M. CARR, *Interest on Mass Stipends Account*, dans *Homiletic and Pastoral Review*, 1969, 568. - M. DESDUITS, *Des intentions de messes*, dans *Ami du Clergé*, 1971, 427. - A.M. CARR, *Stipend O.K. at Saterday Evening Mass?*, dans *Homiletic and Pastoral Review*, 1971, 75. - D. GALEA, *Ordinamento circa l'elemosina delle SS. Messe*, dans *Apollinaris*, 1972, 77-85. - D. GALEA, *Miss Stipends and Application in a vacuum*, dans *Ephemerides Iuris canonici*, 1972, 144-174. - L. KAUFMAN, *The Labourer Deseves His Wages*, dans *African Ecclesiastical Review*, 1973, 46-54. - *Apostolica Signatura, Sectio altera: Decision of 19-6-1972: Accounting for Monies arising from the Exercice of the Ministry of the Church*, dans *Apollinaris*, 1972, 391-396. - F. ROMITA, *De missarum satisfactione, et reductione*, Romae, 1952,

56 J.-C. DIDIER, *Des intentions « secondes » à la concélébration*, dans *Ami du Clergé*, 1968, 30-31.

57 A. M. CARR, *Interest on Mass Stipends Account*, dans *Homiletic and Pastoral Review*, 1964, 346. - A.M. CARR, *They put Mass Stipends in « Kitty »*, dans *Homiletic and Pastoral Review*, 1966, 782-783.

58 A.M. CARR, *How Many Masses must be say?*, dans *Homiletic and Pastoral Review*, 1964, 171. - F. J. CONNELL, *Interest on Stipends*, dans *American Ecclesiastical Review*, 1966, 53.

59 A.M. CARR, *Who must pay the stolen $ 600?*, dans *Homiletic and Pastoral Review*, 1963, 904. - F. TIMMERMANS, *Mass Stipends and Obligation to celebrate*, dans *Clergy Monthly*, 1965, 71-73.

60 A. M. CARR, *The Will did not Specify the Quality of Masses*, dans *Homiletic and Pastoral Review*, 1963, 808-809. - D. O'CALLAGHAN, *Problems in Mass Bequests*, dans *Irish Ecclestiastical Record*, 1964, 174-177.

61 P. M. BOYLE, *Stipend at Concelebrated Mass*, dans *The Priest*, 1967, 144. - M. HUFTIER, *Sur le trentain*, dans *Ami du Clergé*, 1970, 679.

62 A. M. CARR, *How promptly to Satisfy Mass Intentions*, dans *Homiletic and Pastoral Review*, 1963, 348-349. - L. L. MCREAVY, *Time of Fulfilment of Manual Mass Obligations*, dans *Clergy Review*, 1963, 644-647. - E. F. REGATILLO, *Misas Gregorianas*, dans *Sal Terrae*, 1969, 730.

63 E. F. REGATILLO, *Interupción de las misas gregorianas*, dans *Sal Terrae*, 1968, 389-392.

64 E. F. REGATILLO, *Responsibilidad de las misas e stipendio*, dans *Sal Terrae*, 1965, 509-510.

65 M. HUFTIER, *Transmission d'honoraires*, dans *Ami du Clergé*, 1965, 462. - E. F. REGATILLO, *Estipendios de misas para retribuir la enseñanza*, dans *Sal Terrae*, 1967, 869-870. - A. M. CARR, *Mass Stipends for Diocesan Use*, dans *Homiletic and Pastoral Review*, 1971, 69-70.

66 B. TORRES, *Oficios de los diáconos*, dans *Christus*, 1966, 64,65. - G.A. ZANAIRI, *Distribution de la communion*, dans *Ami du Clergé*, 1967,

350. - *Le Suore distribuiscono la comunione,* dans *Vita religiosa,* 1967, 183. - *Minister of Holy Communion,* dans *Clergy Monthly,* 1967, 108. - P. M. Boyle, *Sisters distributing Communion,* dans *The Priest,* 1967, 560. - E.F. Regatillo, *Función de los Diáconos,* dans *Sal Terrae,* 1968, 457-468. - *Beschluss der deutschen Bischofskonferenz vom 4-7 März 1968 über die Spendung der hl. Kommunion durch Laien,* dans *Archiv für katholisches Kirchenrecht,* 1968, 221-223. - *Laymen giving Holy Communion,* dans *Clergy Monthly,* 1968, 328. - *Los ministros extraordinarios de la comunion,* dans *Ami du Clergé,* 1970, 341-346. - *Distribution of Communion by Women* dans *Clergy Monthly,* 1970, 217. - S.-C. Dedier, *Le ministre extraordinaire de la distribution de la communion,* dans *Maison-Dieu,* 1970, 73-85. - *Ministros extraordinarios de la eucaristia,* dans *Vida religiosa,* 1971, 275-276. - *Facultades del ministro extraordinario de la comunión en la archidiocesis de Barcelona,* dans *Vida religiosa,* 1971, 275-276. - *Easier Reception of Communion,* dans *African Ecclesiastical Review,* 1973, 280-281. - J. B. O'Connell, *Communion in the Hand,* dans *Clergy Review,* 1974, 362-364. - A. M. Carr, *Extraordinary Ministers of Holy Communion: What about using a stunningly Beautiful Lady?,* dans *Homiletic and Pastoral Review,* 1974, 74-76.

67 *La communion des moniales le vendredi-saint,* dans *Revue des communautés religieuses,* 1963, 111.

68 *Decree and Reply of S.R.C.,* dans *Clergy Monthly,* 1966, 442.

69 A. M. Carr, *Communion under both Kinds,* dans *Homiletic and Pastoral Review,* 1965, 885.

70 L. L. McReavy, *Viaticum in Form of Wine,* dans *Clergy Review,* 1963, 248-253. - J.C. Didier, *La communion sous l'espèce du vin,* dans *Ami du Clergé,* 1963, 470-475. - M. Zalba, *Boletin Canónicos-Moral de* 1964, dans *Estudios Ecclesiasticos,* 1965, 224. - A. M. Carr, *Eucharist under Form of Wine Only - For the Ill,* dans *Homiletic and Pastoral Review,* 1965, 609-612. - F. J. Connell, *Holy Communion in Capsule Form,* dans *American Ecclesiastical Review,* 1965, 343-344. - R. L. Murphy, *Concelebration,* dans *Australasian Catholic Record,* 1965, 242-249. - L. L. McReavy, *Holy Communion in Case of severe Allergy to Wheat,* dans *Clergy Review,* 1966, 147-149. - E. F. Regatillo, *Comunión con solo sanguis,* dans *Sal Terrae,* 1968, 872-873. - J. B. O'Connell, *Communion under the Species of Wine alone,* dans *Clergy Review,* 1969, 228-229. - *Communion under both Kinds,* dans *Clergy Monthly,* 1970, 448-449. - G. Oury, *Communion sous les deux espèces,* dans *Ami du Clergé,* 1970, 727-728. - *Communion sous les deux espèces. Ordonance de la Conférence épiscopale française,* dans *Notitiae,* 1971, 43-44. - B. Newns, *Communion under both Kinds,* dans *Clergy Review,* 1971, 372-380. - *La comunión bajo las dos especies en España,* dans *Vida religiosa,* 1971, 481-482.

71 F. J. Connell, *Holy Communion for Non-Catholics?,* dans *American Ecclestiastical Review,* 1964, 47-52. - *Declaration on Common Eucharist,* dans *Clergy Monthly,* 1971, 29-31. - R. L. Stewart, *Admission to Holy Communion,* dans *Clergy Review,* 1973, 619-633.

72 F. J. Connell, *Holy Communion for the Retarded,* dans *American Ecclesiastical Review,* 1967, 275-276. - F. J. Buckly, *Parents, Children and First Communion,* dans *American Ecclesiastical Review,* 1967, 393-403. - C. Crawford, *Infant Communion. Past Tradition and Present Practice,* dans *Theological Studies,* 1970, 523-536.

73 A. de Bonhomme, *Refus de l'eucharistie aux indignes,* dans *Revue du clergé africain,* 1963, 27-35. - P. M. Boyle, *Eucharist and Public Sinners,* dans *The Priest,* 1966, 131-132. - A. Salcedo, *Sobre la denegación de los Sacramentos,* dans *Christus,* 1966, 159-161. - L. L. McReavy, *Cohabitation as Brother and Sister,* dans *Clergy Review,* 1967, 138-141. - G. Buurman, *Canon Law and Marriage Life,* dans *African Ecclesiastical Review,* 1969, 407-409. - R. G. Carey, *The Good Faith Solution,* dans *The Jurist,* 1969, 428-438. - B. Häring, *Pastoral Work among the Divorced and unvalidly maried,* dans *Concilium,* 5/70, 123-160. - L. Orsy, *Intolerable Marriage Situation, Conflict between External and Internal Forum,* dans

The Jurist, 1970, 1-14. - P. HUIZING, *Law, Conscience and Marriage*, dans *The Jurist*, 1970, 15-20. - B. HÄRING, *Internal Forum Solutions to Insoluble Marriage Cases*, dans *The Jurist*, 1970, 21-30. - A. KOSMIK, *The Pastoral Care of those involved in Canonically Invalid Marriages*, dans *The Jurist*, 1970, 31-44. - L. C. FARLEY and W. T. RAICH, *Toward « An Immediate Forum Solution » for deserving Couples in Canonically Insoluble Marriage Cases*, dans *The Jurist*, 1970, 46-74. - J. MCMONUS, *The invalidly Married and Admission to the Sacraments*, dans *Clergy Review*, 1970, 123-141. - W. W. BASSETT, *Divorce and Remarriage. The Catholic Search for a Pastoral Reconciliation, Part II*, dans *American Ecclesiastical Review*, 1970, 92-105. - W. F. ALLEN, *Pastoral Care of the invalidly Married*, dans *Pastoral Life*, 1970, 35-40, 38-43. - A.M. CARR, *Invalidity Married and the Sacraments*, dans *Homiletic and Pastoral Review*, 1971, 316-318. - G. LOBO, *The invalidly Married*, dans *Clergy Monthly*, 1971, 155-160. - H. MEIMERL, *Sakramentenempfang für Wiederverheiratete*, dans *Theologisch-Praktische Quartalschrift*, 1971, 61-65. - A. M. CARR, *Again: Invalidly Married and the Sacraments*, dans *Homiletic and Pastoral Review*, 1972, 67-71. - H. SOCHA, *Kirchenrechtliche Ueberlegungen zum Kommunionpfang ungültig Verheirateter*, dans *Trierer Theologische Zeitschrift*, 1972, 298-309. - *Divorce, Remarriage and the Catholic*, dans *Catholic Mind*, 1972, 5-9. - A. M. CARR, *Once Again: Admitting the invalidly Married to the Sacraments*, dans *Homiletic and Pastoral Review*, 1972, 71-74. - A. M. CARR, *Admitting Non-Catholics to Communion*, dans *Homiletic and Pastoral Review*, 1972, 74-75. - D. T. MCANDREW, *Pastoral Ministry to the invalidly Married*, dans *Homiletic and Pastoral Review*, 1973, 26-30. - *Internal Forum Solutions*, dans *The Jurist*, 1973, 304.

[74] F. J. CONNELL, *Holy Communion without Confession*, dans *American Ecclesiastical Review*, 1963, 347-348. - M. HUFTIER, *Licéité de la communion sans confession préalable*, dans *Ami du Clergé*, 1964, 145-155. - F. J. CONNELL, *A First Communion Problem*, dans *American Ecclesiastical Review*, 1965, 422-423. - F. J. CONNELL, *The Reception of Penance by a Group*, dans *American Ecclesiastical Review*, 1965, 115-118. - A. M. CARR, *Necessity of Confession before Communion*, dans *Homiletic and Pastoral Review*, 1966, 249-250. - J. MADDEN, *Confession before Communion*, dans *Australasian Catholic Record*, 1966, 215-222. - M. HUFTIER, *La communion prépare-t-elle à la pénitence?*, dans *Ami du Clergé*, 1966, 637. - F. J. CONNELL, *Common Confession Rite*, dans *American Ecclesiastical Review*, 1967, 409-412. - G. ROSSINI, *Comunione senza Confessione?*, dans *Perfice munus*, 1968, 336-340. - C. BROVETTO, *Peccato ed Eucaristia*, dans *Vita religiosa*, 1970, 117. - A. PEINADOR, *Comunión sin confesión*, dans *Vida religiosa*, 1971, 411-412. - E. F. REGATILLO, *Comulgar sin confesarse teniendo pecado grave*, dans *Sal Terrae*, 1971, 720. - A. M. CARR, *Communion without Previous Confession*, dans *Homiletic and Pastoral Review*, 1974, 72-74.

[75] E. F. REGATILLO, *Comunión de los sacerdotes en la vigilia pascual y misa domingo de Pascua*, dans *Sal Terrae*, 1963, 170-172. - D. KALVERKAMP, *S. Comunhao na Vigilia e no dia da Pascoa*, dans *Revista Ecclesiastico Brasileira*, 1963, 746-749. - E. M. CÁRDENAS, *Comunión en la Vigilia Pascual*, dans *Christus*, 1964; 589-590. - J. B. O'CONNELL, *Communion twice on the Same Day*, dans *Clergy Review*, 1965, 888-889. - E. F. REGATILLO, *Diaconar en la concelebración y celebrar otra misa*, dans *Sal Terrae*, 1967, 868-869; 1968, 70. - J. B. O'CONNELL, *Communion More the Once a Day*, dans *Clergy Review*, 1969, 385-386. - M. MARTINEZ CAVERO, *La Comunión Vespertina*, dans *Sal Terrae*, 1969, 536-552. - E. F. REGATILLO, *Comunión del sacerdote por la mañana el sabado y celebración de la misa anticipada*, dans *Sal Terrae*, 1969, 642. - E. F. REGATILLO, *Binación los Sabados*, dans *Sal Terrae*, 1969, 642-643. - A. M. CARR, *Holy Communion oftener than once a Day?*, dans *Homiletic and Pastoral Review*, 1969, 72. - B. NEWNS, *Holy Communion at a Funeral Mass*, dans *Clergy Review*, 1970, 226. - A. PEINADOR, *Comulgar mas de una vez al dia*, dans *Vida religiosa*, 1971, 49-50. - M. DESDOUITS, *Communions du samedi*, dans *Ami du Clergé*, 1971, 426-427. - E. F. REGATILLO, *Dos comuniones en un dia*,

dans *Sal Terrae*, 1972, 68. - J.-C. Didier, *Communier deux fois le même jour*, dans *Ami du Clergé*, 1972, 408-411. - *Easier Reception of Communion*, dans *African Ecclesiastical Review*, 1972, 280-281. - W. Goralski, *Charakter pastoralny Instrukjcji Kongregacji Sakramentow swietych « Immensae caritatis » Z Dssia 29 Stycznia 1973 r*, dans *Prawo Kanoniczne*, 1974, 101-116. - A.M. Carr, *Holy Communion twice on the Same Day*, dans *Homiletic and Pastoral Review*, 1974, 74.

76 J. A. Abbo, *Time and the Eucharistic Fast*, dans *The Priest*, 1963, 434. - W. Herbst, *Eucharistic Fast*, dans *The Priest*, 1963, 121-125. - F. J. Connell, *Old Age and the Eucharistic Fast*, dans *American Ecclesiastical Review*, 1963, 130. - A.M. Carr, *Chewing Gum and the Eucharistic Fast*, dans *Homiletic and Pastoral Review*, 1963; 349-350. - E. F. Regatillo, *Coñacantes de la comunión de los enfermos*, dans *Sal Terrae*, 1963, 45-46. - E. F. Regatillo, *Violación del ayuno eucharistico*, dans *Sal Terrae*, 1963, 238-240. - E.F. Regatillo, *El caramelo y el ayuno eucharistico*, dans *Sal Terrae*, 1963, 350-356. - A. Peinador, *Computación de la tres horas para el ayuno eucaristich*, dans *Vida religiosa*, 1963, 393. - A. M. Carr, *Communion without any Fast*, dans *Homiletic and Pastoral Review*, 1963, 983-984. - A. Peinador, *Chicle y ayuno eucaristico*, dans *Vida religiosa*, 1963, 391-392. - E. de Bekker, *« Liquid » and the Eucharistic Fast*, dans *African Ecclesiastical Review*, 1963, 220. - A. M. Carr, *Eucharistic Fast and Time Limit*, dans *Homiletic and Pastoral Review*, 1964, 349-351. - A. Salcedo, *Sobre el ayuno eucaristico*, dans *Christus*, 1964, 49-52. - J. Madden, *Lozenge to cure Hoarseness of Priest*, dans *Australasian Catholic Record*, 1964, 42. - *Eucharistic Fast for the Sick. S.C. Sacramentes*, dans *The Jurist*, 1964, 97. - W. Allen, *Diabetic and Communion Fast*, dans *Pastoral Life*, 1964, 52. - L. L. McReavy, *Viaticum and the Eucharistic Fast*, dans *Clergy Review*, 1964, 566-568. - L. L. McReavy, *Holy Communion on Mondy Thursday and Good Friday*, dans *Clergy Review*, 1965, 308-310. - E. F. Regatillo, *Ayuno eucaristico. Jugo de cebolla*, dans *Sal Terrae*, 1965, 306-307. - A. M. Carr, *How long before Communion for Alcoholic Beverage?*, dans *Homiletic and Pastoral Review*, 1965, 434-435. - W. Allen, *New Fasting Law*, dans *Pastoral Life*, 1965, 117-118. - N. Zalba, *Boletin Canónico-Moral de 1964*, dans *Estudios Ecclesiasticos*, 1965, 222-224. - L. L. McReavy, *Does the Church still Advocate Eucharistic Fast from Midnight*, dans *Clergy Review*, 1965, 885-888. - E. F. Regatillo, *Ayuno eucaristico de los enfermos*, dans *Sal Terrae*, 1965, 645-646. - *Reduction of the Time for the Eucharistic Fast*, dans *Australasian Catholic Record*, 1965, 175. - E. F. Regatillo, *Parvedad de materia en ayuno eucaristico*, dans *Sal Terrae*, 1966, 783. - P. M. Boyle, *Computing Time*, dans *The Priest*, 1967, 143. - P. Kabanda, *Eucharistic Fast*, dans *African Ecclesiastical Review*, 1967, 69-71. - A. Peinador, *Ayuno eucaristico*, dans *Vida religiosa*, 1970, 383-384. - L. L. McReavy, *The Eucharistic Fast*, dans *Clergy Review*, 1974, 424-426. - A.M. Carr, *Eucharistic Fast for Sick and Aged*, dans *Homiletic and Pastoral Review*, 1974, 75.

77 J. A. Albo, *Foreign Students and the Paschal Precept*, dans *The Priest*, 1963, 435-436. - T. Cunningham, *The Paschal Precept in Ireland*, dans *Irish Ecclesiastical Record*, 1963, 340. - T. Cunningham, *First Communion during the Paschal Period*, dans *Irish Ecclesiastical Record*, 1963, 258. - F. J. Connell, *First Communion without Confession*, dans *American Ecclesiastical Review*, 1964, 267-269. - J. Vega, *Precepto pascual*, dans *Christus*, 1965, 331-332. - D. O'Connell, *Questions on Spiritual Communion and the Paschal Precept*, dans *Irish Ecclesiastical Record*, 1966, 267. - A. De Silva, *Tempus communionis paschalis praesertim in missionibus*, in *Periodica* 1962, 30-47.

78 L. L. McRevy, *Communion of the Lukewarm Sick*, dans *Clergy Review*, 1964, 307-310. - P. Hofmeister, *Die tägliche Privatmesse in Gewohnheit und Recht*, dans *Tübinger Theologische Quartalschrift*, 1965, 307-325, - D. O'Callaghan, *Questions on Spiritual Communion and the Paschal Precept*, dans *Irish Ecclesiastical Record*, 1966, 267.

[79] A. M. CARR, *Holy Communion to the Inconscious*, dans *Homiletic and Pastoral Review*, 1966, 341-342. - P. L. MURPHY, *Viaticum*, dans *Australasian Catholic Record*, 1967, 337-347.

[80] E. F. REGATILLO, *Comunión per sonda*, dans *Sal Terrae*, 1968, 873-874.

[81] *S. Congregation des Rites*: *Décret*, dans *Documentation catholique*, 1397. - *S.R.C. 1/2/63: Communion of Nuns on Good Vriday*, dans *Review for Religious*, 1963, 377-380. - P. MULDOON, *When Holy Communion may be distributed*, dans *Irish Ecclesiastical Record*, 1964, 268-269. - J. P. McCORMICK, *Communion of the Sick*, dans *American Ecclesiastical Review*, 1964, 347-348. - E. F. REGATILLO, *Comunión vespertina*, dans *Sal Terrae*, 1965, 513-514. - T. CUNNINGHAM, *A Query on Evening Communion*, dans *Irish Ecclesiastical Record*, 1966, 56. - E. F. REGATILLO, *Comunión de los contrayentes fuera de misa*, dans *Sal Terrae*, 1967, 623-624. - T. CUNNIGHAM, *Communion of the Sick at any Time*, dans *Irish Ecclesiastical Record*, 1968, 422. - F. HÜRTH, *De S. Communionis distributione postmeridianis horis*, dans *Periodica*, 1960, 321-340. - S. ALVAREZ-MENENDEZ, *La distribución de la sagrada Eucaristia en las horas vespertinas y post meridianas*, dans *Angelicum*, 1961, 333-335. - V. NAVARRETE, *De sacra communione infirmis administrandis horis postmeridianis*, dans *Periodica*, 1962, 247-260.

[82] P. MULDOON, *Communicating a Sick Nun*, dans *Irish Ecclesiastical Record*, 1964, 57-58. - E. F. REGATILLO, *Comunión fuera del presbiterio*, dans *Sal Terrae*, 1966, 616-617. - E. F. REGATILLO, *Comunión en un asilo de ancianos*, dans *Sal Terrae*, 1969, 142-143.

[83] G. D'ERCOLE, *Penitenza canonico-sacramentale dalle origini alla pace costantiniana*, Roma, 1963. - G. D'ERCOLE, *Foro interno e foro esterno nella penitenza dalle origini cristiane*, dans *Apollinaris*, 1959, 273-302. - J. BERNHARD, *Excommunication et pénitence-sacrameent aux premiers siècles de l'Eglise*, dans *Revue de droit canonique*, 1965, 265-281. - *The Bishops of Holland*: *Public Celebration of Penance*, dans *Worship*, 1966, 276-280. - E. F. REGATILLO, *Formula de la absolución sacramental*, dans *Sal Terrae*, 1960, 782. - D. O'CALLAGHAN, *Communal Penitial Services*, dans *Irish Ecclesiastical Record*, 1967, 336-343. - C. J. PETER, *Auricular Confession and the Council of Trent*, dans *The Jurist*, 1968, 280-297. - P. SAMWAY, *Faith and Communal Penance*, dans *Worship*, 1969, 290-303. - C. E. CURRAN, *The Sacrament of Penance Today*, dans *Worship*, 1969, 510-531. - Y. CONGAR, *Pour une pastorale de la pénitence*, dans *Maison-Dieu*, 1970, 73-87. - J. GALLEN, *A Pastoral Liturgical View of Penance Today*, dans *Worship*, 1971, 132-150. - A. PEINIDOR, *Celebración Comunitaria de la penitencia*, dans *Vida religiosa*, 1971, 412-414. - E. F. REGATILLO, *Absolución colectiva*, dans *Sal Terrae*, 1971, 645-646. - F. MARCHESI, *Confessione comunitaria*, dans *Palestra del Clero*, 1971, 95-100. - M. DESDUITS, *Absolutions collectives*, dans *Ami du Clergé*, 1972, 9-11. - A. M. CARR, *Everything you always wanted to know about Communal Penance Services- but were afraid to try*, dans *Homiletic and Pastoral Review*, 1972, 72-75. - *Normes pastorales pour l'administration collective de l'absolution sacramentelle*, dans *Ami du Clergé*, 1972, 491-493. - P. J. RIGA, *The Roman Liturgical Rite and Prayers of Reconciliation of the fifth Century*, dans *American Ecclesiastical Review*, 1973, 196-207.

[84] *Extension de la juridiction pour les confessions en France*, dans *Ami du Clergé*, 1967, 510; 1968, 478. - A. M. CARR, *Again*: *Confessional Faculties*, dans *Homiletic and Pastoral Review*, 1968, 72-78.

[85] D. NOTHOMB, *La nature du pouvoir de juridiction du confesseur*, dans *Nouvelle Revue théologique*, 1960, 470-482. - A. M. CARR, *Hearing Priest's Confessions*, dans *Homiletic and Pastoral Review*, 1966, 697-698. - A. M. CARR, *Re*: *Jurisdiction for Confession*, dans *Homiletic and Pastoral Review*, 1969, 648-649. - *Pouvoirs des prêtres de passage à Rome*, dans *Ami du Clergé*, 1971, 301. - M. DESDOUITS, *A propos de la juridiction pour les confessions en France*, dans *Ami du Clergé*, 1972, 11-13.

[86] J. C. GURZYNSKI, *Confessional Faculties in the United States*, dans *The Jurist*, 1966, 234-242.

87 J. Beyer, *De iurisdictione ad Verbum Dei praedicandum et ad confessionem audiendam requisita magis extendenda*, dans *Periodica*, 1963, 391-410. - J. A. Abbo, *Faculties of travelling Priest*, dans *The Priest*, 1963, 1036-1037. - J. Denis, *Chronique des actes de l'épiscopat français*, dans *Année canonique*, 1968, 415-537.

88 J. F. Gallen, *Appointment of Confessors in Male Lay Religious Institutes*, dans *Review for Religious*, 1967, 362.

89 J. A. Abbo, *Baptism and Penance - Revision of the Code*, dans *American Ecclesiastical Review*, 1963, 14-28. - T. Calestrero, *Crisis y renovación de la penitencia en las casas de formación y comunidades religiosas*, dans *Vida religiosa*, 1972, 69-76. - *Congregatio pro Religiosis et Institutis saecularibus, 8/12/1970*, dans *Apollinaris*, 1971, 385-387. - J. F. Gallen, *Present Jurisdiction for Confessions of Religious Women and Novices*, dans *Review for Religious*, 1973, 1172.

90 T. Cunningham, *A Curat's Confessional Faculties outside his Territory*, dans *Irish Ecclesiastical Record*, 1963, 339.

91 J. F. Gallen, *May a priest enter Papal Cloister just to visit a Sick Sister?*, dans *Review for Religious*, 1966, 909-910.

92 U. Navarrete, *De extensione facultatum absolvendi a casibus reservatis durante itinere maritimo vel aërio*, dans *Periodica*, 1960, 469-488. - J. A. Abbo, *Faculties of Travelling Priest*, dans *The Priest*, 1963, 1036-1037. - A. M. Carr, *Hearing Confession at Sea*, dans *Homiletic and Pastoral Review*, 1965, 784-785. - P. Boyle, *Absolution on Planes*, dans *The Priest*, 1965, 766. - R. F. Regatillo, *Jurisdición para oir confesiones en viajes por tierra*, dans *Sal Terrae*, 1966, 381. - E. F. Falteisek, *Confessional Faculties for Air Travel*, dans *Homiletic and Pastoral Review*, 1967, 749-752. - J.A. Abbo, *Faculties Abroad and Aloft*, dans *The Priest*, 1963, 150-155. - J. Madden, *Priests travelling by Air and Faculties for Confession*, dans *Australasian Clergy Record*, 1963, 125-129.

93 A. M. Carr, « *From Every Bond of Excommunication and Interdict...* » dans *Homiletic and Pastoral Review*, 1965, 972. - L. L. McReavy, *Forum of Absolution in the Absence of Censures*, dans *Clergy Review*, 1967, 303-305.

94 E. J. Michell, *The Obligation to absolve according to Canon 886*, Rome, 1965. - F. Timmermans, *Birth Control. - Advice in the Confessionnal*, dans *Clergy Monthly*, 1964, 225-228. - F. J. Connel, *The Act of Contrition*, dans *American Ecclesiastical Review*, 1965, 200-201. - E. J. Weitzel, *Judging Contrition in the Vernacular Confession*, dans *Homiletic and Pastoral Review*, 1965, 307-313. - A. Saledo, *Sobre la denegación de los Sacramentos*, dans *Christus*, 1966, 159-161.

95 E. de B., *Imposing Mental Arts a Penance*, dans *African Ecclesiastical Review*, 1963, 125. - L. L. McReavy, *Sacramental Penance and Mass-Missing Children*, dans *Clergy Review*, 1963, 318-320.

96 F. V. Manning, *Private Confession. - Pros and Cons*, dans *Pastoral Life*, 1965, 227-230. - A. M. Carr, *Seal of Confession and asking Advice*, dans *Homiletic and Pastoral Review*, 1969, 324-325.

97 L. L. McReavy, *Confessions during Mass*, dans *Clergy Review*, 1968, 977-979. - T. Cunningham, *Hearing Confessions during Mass*, dans *Irish Ecclesiastical Record*, 1968, 298.

98 J. Bernhard, *Excommunication et pénitence, sacrement aux premiers siècles de l'Église*, dans *Revue de droit canonique*, 1965, 265-281, 318-330.

99 U. Navarette, *De cessatione reservationis peccati ratione sui reservati bona fide in confessione reticiti*, dans *Periodica*, 1959, 491-523. - *El uso de la ciencia adquirida per medio de la confesion*, dans *Christus*, 1966, 66-70.

100 F. J. Connell, *Absolution from a reserved Sin*, dans *American Ecclesiastical Review*, 1963, 339-340. - J. A. Abbo, *Reservation of Sins*, dans *The Priest*, 1965, 61-62.

101 A. Doolan, *The Integrity of Confession: May a Penitent, to ensure Integrity, tell a sin that incriminates another? Must he if he may?*, dans *Irish Ecclesiastical Record*. 1963, 37. - J. Madden, *Children's Confession*, dans *Australasian Clergy Record*, 1963, 129-134. - A. Doolan, *School-Chil-*

dren and Confession: Should they be assembled weekly?, dans *Irish Ecclesiastical Record*, 1963, 395. - A. DOOLAN, *Is there an Obligation to mention aggravating Circumstances?*, dans *Irish Ecclesiastical Record*, 1963, 397. - A. M. CARR, *Exacting more of a Penitent than is demanded*, dans *Homiletic and Pastoral Review*, 1964, 169-170. - F. J. CONNELL, *The Reception of Penance by a Group*, dans *American Ecclesiastical Review*, 1965, 115-118. - F. J. CONNELL, *The Confession of the Confessor's Father*, dans *American Ecclesiastical Review*, 1965, 344-345. - F. J. CONNELL, *The Sacrament of Penance as Reconciliation with the Church*, dans *American Ecclesiastical Review*, 1966, 134. - L. DENIS, *Integrité de la confession: absolution collective*, dans *Revue du clergé africain*, 1965, 424-430. - M. HUFTIER, *Intégrité de la confession*, dans *Ami du clergé*, 1966, 683-687. - A.M. CARR, *How Necessary is Material Integrity in Confession*, dans *Homiletic and Pastoral Review*, 1967, 885-886. - A. M. CARR, *Penance as « Celebration » and as Sacrament*, dans *Homiletic and Pastoral Review*, 1968, 442-444. - E. SIEDLECKI, *Renewing the Sacraments*, dans *Chicago Studies*, 1969, 189-200. - A. M. CARR, *Communal Penance*, dans *Homiletic and Pastoral Review*, 1970, 309-313. - A. M. CARR, *Communal Penance, Wave of the Future?*, dans *Homiletic and Pastoral Review*, 1970, 636-641. - G. RINALDI, *La confessione comunitaria*, dans *Vita religiosa*, 1970, 279-291. - H. JEDIN, *La nécessité de la confession privée selon le Concile de Trente*, dans *Maison Dieu*, 1970, 88-115. - J. MEDINA, *Un Nuevo Documento*, dans *Teologia y Vida*, 1972, 107-117.

[102] L. ORSY, *The Sacrament of Penance in Religious Communities*, dans *Worship*, 1968, 159-168.

[103] M. T. MEJIA, *La confesión a distancia*, dans *Revista Española de Derecho Canónico*, 1964, 255-306.

[104] F. J. CONNELL, *First Communion without Confession*, dans *American Ecclesiastical Review*, 1964, 267-269. - F. J. CONNELL, *The Reception of Penance by a Group*, dans *American Ecclesiastical Review*, 1965, 115-118. - R. MCCORMICK, *El Sacramento de la Penitencia*, dans *Christus*, 1966, 427-435. - M. HUFTIER, *La communion prépare-t-elle la pénitence?*, dans *Ami du clergé*, 1966, 637. - F. BUCKLEY, *What Age for First Confession*, dans *Irish Ecclesiastical Record*, 1967, 221-252. - J. J. RUEF, *The Age for First Confession*, dans *Homiletic and Pastoral Review*, 1968, 503-508. - W. M. JONES, *First Confession at Seven?*, dans *Clergy Review*, 1968, 613-618. - A. M. CARR, *Again: Age of Child's Confession*, dans *Homiletica and Pastoral Review*, 1968, 967-974. - G. LOBO, *Declaration on Penance and Communion: Comments*, dans *Clergy Monthly*, 1974, 82-88.

[105] G. RINALDI, *La confessione comunitaria*, dans *Vita Religiosa*, 1970, 279-291, 266*-300, 458-466. - M. ZALBA, *Commentarium ad normas pastorales circa absolutionem sacramentalem generali modo impertiendam*, dans *Periodica*, 1973, 193-213. - S. GALLEN, *General Sacramental Absolution, Pastoral Premarks on Pastoral Norms*, dans *Theological Studies*, 1973, 114-121. - T. O'NEILL, *General Absolution*, dans *African Ecclesiastical Review*, 1973, 97-109. - E. F. REGATILLO, *La Absolución Sacramental Colectiva*, dans *Sal Terrae*, 1973, 301-310. - M. DESDOUITS, *L'absolution collective*, dans *Esprit et vie*, 1973, 103. Voir notes (83).

[106] W. KASPER, *Confession outside the Confessional*, dans *Concilium* 4/3, 4/67, 31-42. - M. DESDOUITS, *Le Confessional est-il encore actuel?*, dans *Esprit et vie*, 1973, 229-232.

[107] A. M. CARR, *« Here's looking at You »*, dans *Homiletic and Pastoral Review*, 1970, 878-880.

[108] A. M. CARR, *Place for Confessions of Women*, dans *Homiletic and Pastoral Review*, 1965, 874.

[109] A. M. CARR, *Eve's Daughter as Minister*, dans *Homiletic and Pastoral Review*, 1963, 74. - J.-C. DIDIER, *« Oleum Infirmorum »*, *La manière du sacrement des malades*, dans *Ami du clergé*, 1968, 299-305. - W. ZANDBELT, *Pastorale bijstand aan stervenden*, dans *Theologie en Pastoraat*, 1969, 69-76. - *Amointing the Sick*, dans *The Jurist*, 1974, 201.

[110] L. DENIS, *Onction des malades*, dans *Revue du clergé africain*, 1963, 48-51. - L. DENIS, *Le moment de la mort*, dans *Revue du clergé africain*, 1964, 26-30. - E.G. *Médecin et prêtre en face des malades*, dans *Ami du clergé*, 127-128. - E. F. REGATILLO, *Extrema unción en paroquia inmensa*, dans *Sal Terrae*, 1965, 444-445. - D. O'CALLAGHAN, *Sacrament of the Sick or Sacrament of the Dying?*, dans *Irish Ecclesiastical Record*, 1966, 332-340. - L. L. MCREAVY, *Degree of Infirmity required for anoiting the Sick*, dans *Clergy Review*, 1966, 888-891. - T. J. CONNOLLY, *The Sacrament of the Sick*, dans *Australasian Catholic Record*, 1967, 53-60. - W. ALLEN, *Frequency of Anointing*, dans *Pastoral Life*, 1967, 306-307. - W. ALLEN, *Repetition of « Anointing »*, dans *Pastoral Life*, 1967, 555-556. - J.-C. DIDIER, *L'onction des malades et la clause du « danger de mort »*, dans *Ami du clergé*, 1968, 97-105. - L. L. MCREAVY, *Unction of the Dying? Or Onction of the Sick?*, dans *Clergy Review*, 1968, 468-473. - F. F. MCMANUS, *The Neglected Sacrament of Anointing*, dans *American Ecclesiastical Review*, 1969, 47-53. - *De Sacramento Unctionis Infirmorum*, dans *Notitiae*, 1970, 13-33. - J.-C. DIDIER, *L'Onction des malades et le vieilard*, dans *Ami du clergé*, 1972, 329. - A. TRACCIA, *Unzione degli infermi; contributo a una rilettura dei documenti conciliari e postconciliari*, dans *Salesianum*, 1974, 69-96.

[111] A. M. CARR, *Anointing Him, now Unconscious, after his Firm « No »*, dans *Homiletic and Pastoral Review*, 1967, 75-76.

[112] E. SIEDLECKI, *Renewing the Sacraments*, dans *Chicago Studies*, 1969, 189-200. - J.-C. DIDIER, *Le prêtre et la bénédiction de l'huile des malades*, dans *Ami du clergé*, 1972, 361.

[113] R. MASSI, *Annotationes*, dans *Monitor ecclesiasticus*, 1966, 239-250. - *Carrying the Holy Oil of the Sick*, dans *Clergy Monthly*, 1965, 231. - T. CUNNINGHAM, *Extreme Unction, Faculty to allow Priests to carry with them the Oil of the Infirm*, dans *Irish, Ecclesiastical Record*, 1965, 307. - E. F. REGATILLO, *Ordinariis locorum conceditur facultas permittendi sacerdotibus sacrum infirmorum oleum deferendi*, dans *Sal Terrae*, 1965, 504-508. - E. F. REGATILLO, *Olio de los enfermos en los viajes*, dans *Sal Terrae*, 1965, 513. - *Currying the Oleum Infirmorum*, dans *Australasian Catholic Record*, 1965, 181.

[114] E. F. REGATILLO, *Orden continuado de los auxilios espirituales a los enfermos*, dans *Sal Terrae*, 1965, 443-444. - L. L. MCREAVY, *Omission of an Unction in anointing the Sick*, dans *Clergy Review*, 1966, 719-720. - A. J. JURGENS, *The Sacrament of the Sick*, dans *African Ecclesiastical Review*, 1972, 337-340. - G. OURY, *L'Onction des malades*, dans *Esprit et vie*, 1937, 145-146.

[115] L. MEYER, *Orders, Jurisdiction and Ecumenism*, dans *The Jurist*, 1963, 475-482. - J. HORNEF, *The Diaconate and Underdeveloped Countries*, dans *Clergy Review*, 1967, 60-64. - E. SIEDBECKI, *Renewing the Sacraments*, dans *Chicago Studies*, 1969, 189-200. - E. B. NEILL, *Restoration of the Permanent Diaconate in the United States*, dans *The Jurist*, 1969, 70-77. - E. P. ECHLIN, *The Deacon of the Secular Age*, dans *Worship*, 1969, 154-158. - P. WINNINGER, *El estatuto canónico del diaconado permanente*, dans *Revista Española de Derecho Canónico*, 1969, 109-124. - *El Sagrado Orden del Diaconado*, dans *Revista Española de Derecho Canónico*, 1969, 103-108. - J. ESQUEDA BIFET, *El Sacerdocio a la luz de la Teologia de la Iglesia*, dans *Monitor ecclesiasticus*, 1969, 322-332. - H. MÜLLER, *De differentia inter episcopatum et presbyteratum iuxta doctrinam Concilii Vaticani secundi*, dans *Periodica*, 1970, 599-618. - J. J. BEYLEY, *The Office and Ministry of Priests: New Approaches*, dans *American Ecclesiastical Review*, 1971, 84-92. - P. DEZA, *Reflessioni sulle recenti lettere apostolichae « Ministeria quaedam » e « Ad pascendum »*, dans *Monitor ecclesiasticus*, 1973, 77-90.

[116] H. MÜLLER, *De differentia inter Episcopatum et presbyteratum iuxta doctrinam Concilii Vaticani secundi*, dans *Periodica*, 1970, 599-618. - P. WINNIGEN et J. HORNEF, *Le renouveau du Diaconat. Situation présente de la controverse*, dans *Nouvelle Revue théologique*, 1961, 337-366. - G. RAMBALDI, *Ab ordinibus minoribus ad ministeria*, dans *Periodica*, 1973,

173-191. - H. TE RIELE, *Acolytes*, dans *African Ecclesiastical Review*, 1970, 97-107. - H. MÜLLER, *De suppressione Ordinum minorum et de nova institutione Ministeriorum in Ecclesia latina*, dans *Periodica*, 1974, 99-120. - H. SOCHA, *Die « Dienstämter » des Lektors und Akolythen*, dans *Münchener Theologische Zeitschrift*, 1974, 138-151 - F. LOLINGER, *The Blessing of Lay Ministries*, dans *African Ecclesiastical Review*, 1973, 237-242. - G. OURY, *Des Ordres mineurs aux ministères*, dans *Esprit et vie*, 1973, 380-383. - G. RAMBALDI, *Ab ordinibus minoribus ad ministeria*, dans *Periodica*, 1973, 173-191. - E. F. REGATILLO, *Primera Tonsura, Ordenes Menores, Subdiaconato; Normas sobre el Orden del Diacono*, dans *Sal Terrae*, 1973, 58-69. - F. P. CHENDERLIN, *Women Priests - More Thoughts but no Second Thoughts*, dans *Homiletic and Pastoral Review*, 1973, 13-22. - P. HEMPUEK, *Reforma smieren nizyzych i subdiakonatu*, dans *Rawo Kanoniczne*, 1973, 209-228. - J. MANZARANARES, *Los Nuovos Ministros de Lector y Acólito*, dans *Revista Español de Derecho Canónico*, 1973, 361-384.

[117] R.A.C., *Del Ministro de la Ordinación*, dans *Christus*, 1967, 127-133. - D. J. O'HANHON, *A New Approach to the Validity of Church Ordres*, dans *Worship*, 1967, 406-421.

[118] J. LÉCUYER, *Le diaconat restauré*, dans *Monitor ecclesiasticus*, 1968, 152-161. - J. CREBAN, *The Ordination of Women Priests*, dans *Clergy Review*, 1963, 48-53. - J. FUNK, *Klerikale Frauen?*, dans *Oesterreichiches Archiv für Kirchenrecht*, 1963, 271-290. - C. MEYER, *Ordained Women in the Early Church*, dans *Chicago Studies*, 1965, 285-308. - A. M. CARR, *Women barred from Ordination?*, dans *Homiletic and Pastoral Review*, 1965, 70-71. - L. CRISTIANI, *Des femmes dans les Saints-Ordres?*, dans *Ami du clergé*, 1965, 648-649. - *The Permanente Diaconate*, dans *Clergy Monthly*, 1967, 374-376. - G. A. ZANANIRI, *Restauration du Diaconat*, dans *Ami du clergé*, 1967, 505-507. - *The Permanent Diaconate*, dans *Australasian Catholic Record*, 1968, 1-7. - *Le Diaconat permanent*, dans *Nouvelle Revue théologique*, 1968, 419. - *Motu Proprio*: « *Sacrum Diaconatus Ordinem* », *June 18 1967*, dans *The Jurist*, 1968, 93-100. - A. PEREGO, *Avremo le sacerdotesse?*, dans *Perfice munus*, 1968, 649-657. - J. HORNEF, *Restoring the Diaconate*, dans *Concilium*, 8/4, 64-68. - *Letter of the Sekretariat of State 21/5/1968 to the Archbishop of Freiburg, on the Powers of Deacons*, dans *Archiv für katholisches Kirchenrecht*, 1968, 153-154. - M. CNUDDE, *Bulletin de théologie du diaconat*, dans *Maison Dicu*, 1968, 106-114. - E.F. REGATILLO, *Funciones del Diácono. No permanente*, dans *Sal Terrae*, 1969, 636-640. - H. POLANCO BRITO, *El Concilio Provincial de Santo Domingo y Ordinación de Negros y de Indios*, dans *Revista Española de Derecho Canónico*, 1969, 697-705. - G. VAN VELSEN, *The Permanent Diaconate in Southern Africa*, dans *African Ecclesiastical Review*, 1970, 11-15. - J. HUARD, *Des diacres pour notre temps*, dans *Maison Dieu*, 1970, 82-96. - J. F. HARVEY, *Homosexuality and Vocations*, dans *American Ecclesiastical Review*, 1971, 42-55. - A.C. RIEMSLAG, *Ministers of the Church*, dans *American Ecclesiastical Review*, 1971, 105-113, - J. J. BEGLEY - C. J. ARBUSTER, *Women and Office in the Church*, dans *American Ecclesiastical Review*, 1971, 145-157. - A. CUNNINGHAM, *Women and the Diaconate*, dans *American Ecclesiastical Review*, 1971, 158-166. - E. DOYLE, *God and the Feminine*, dans *Clergy Review*, 1971, 866-877. - E. R. HUDSON, *Women and the Diaconate*, dans *Clergy Review*, 1971, 886-890. - A. M. CARR, *Women in Sacred Orders?*, dans *Homiletic and Pastoral Review*, 1971, 69-70. - V. CARBONNE, *Dubiorum Solutionum explanatio*, dans *Monitor ecclesiasticus*, 1971, 333-350. - P. GIBBONS, *Priesthood of the People of God*, dans *Clergy Review*, 1974, 14-32. - E. P. CHENDERLIN, *Women as Ordained Priests?*, dans *Homiletic and Pastoral Review*, 1972, 25-32. - G. R. EVANS, *Ordination of Women*, dans *Homiletic and Pastoral Review*, 1972, 29-32. - S. ALVAREZ-MENENDEZ, *De utraque potestate ordinis et iurisdictionis sive laicis sive feminis de iure condendo concedenda vel minus*, dans *Angelicum*, 1972, 367-415. - J. BEYER, *Il ministero delle donne nella Chiesa*, dans *Vita consacrata*, 1973, 585-590. - G. O'COLLINS, *An Argument for Women Priests*, dans *America*, 129/5, 122-123.

[119] G. Giachi, *Vocazione e libertà nel Magistero della Chiesa,* dans *Vita Religiosa,* 1966, 335-357. - G. Giachi, *Vocazione e logica,* dans *Vita Religiosa,* 1967, 374-381.

[120] « *Community of the Diaconate* » *Letter,* dans *Documentation catholique,* 1397. - R.T. Powers, *Psychological Testing, Archidiocese of New York,* dans *The Jurist,* 1964, 450-455. - J. Hornef, *The Return of the Deacon,* dans *Clergy Review,* 1965, 282-289. - J. Medina, *Algunas Observaciones sobre la restauración de diaconado,* dans *Teologia y Vida,* 1965, 98-114.

[121] J. Harnef, *Wedergeboorte van het Diakonaat,* dans *Nederlands katholieke stemmen,* 1963, 268-273. - A.M. Carr, *The Who? What? and Why of Permanent Deacons,* dans *Homiletic and Pastoral Review,* 1970, 550-552. - *Ordination - Dispensation from Age,* dans *Clergy Monthly,* 1971, 96. - E. P. Echlin, *The Deacon's Golden Age,* dans *Worship,* 1971, 37-46. - *Restoration of the Office of Deacon a Life-time State; A Report to the U.S. Bishops,* dans *Worship,* 1971, 186-198. - *Report on Permanent Diaconate,* dans *American Ecclesiastical Review,* 1971, 190-204. - E. Echlin, *Theological Frontiers of the Deacon's Ministry,* dans *American Ecclesiastical Review,* 1972, 479-491. - T. Barberena, *Requestas recientes de los Dicasterios Pontificicos,* dans *Revista Español de Derecho Canónico,* 1973, 138-139.

[122] G. Dole, *La nouvelle loi italienne sur les pensions du clergé,* dans *Ephemerides Iuris Canonici,* 1962, 376-397. - J. J. O'Bourke, *The Title of Ordination in the Light of Vatican II,* dans *The Jurist,* 1967, 90-94. - S. J. Adamo, *Roman Collar Union,* dans *Homiletic and Pastoral Review,* 1967, 73-376. - G. Dole, *Les caisses et les régimes ecclésiastiques de pension pour le clergé séculier,* dans *Année canonique,* 1968, 115-186. - M. Lejeune, *Le « titre d'ordination » dans la jurisprudence de la Congrégation du Concile,* dans *Année canonique,* 1968, 59-83. - G. Dole, *Orientations bibliographiques pour étudier l'histoire de la prévoyance sociale,* dans *Ephemerides Iuris canonici,* 1968, 364-393. - G. Dole, *Vers une coopération internationale de mutuelles sacerdotales,* dans *Ephemerides Iuris Canonici,* 1969, 292-301.

[123] L. L. McReavy, *Bishop's Obligation to Sick and Infirm Clergy,* dan *Clergy Review,* 1964, 40-43.

[124] B. Torres, *Impedimento para ordenes,* dans *Christus,* 1964, 422-423.

[125] S. Trimoner, *Sanatio in radice und Legitimierung der Kinder,* dans *Theologisch-praktische Quartalschrift,* 1963, 100-101. - A. M. Carr, *Canonical Eye?,* dans *Homiletic and Pastoral Review,* 1963, 168-170. - F. J. Connell, *Is he Irregular?,* dans *American Ecclesiastical Review,* 1964, 87. - J. F. Gallen, *When will the Child of an Adulterous Union be legitimated?,* dans *Review for Religious,* 1965, 979. - A. M. Carr, *Dispensation from Epilepsy for Ordination,* dans *Homiletic and Pastoral Review,* 1966, 785-86.

[126] V. Duningan, *Married Priests in the Latin Rite,* dans *The Priest,* 1965, 575-581. - H. Winterer, *Zur Priesterehe in Spanien bis zum Ausgang das Mittelalters,* dans *Zeitschrift der Savigny-Stifting für Rechtsgeschichte,* 1966, 370-383. - I. Ochoa, *Levantar la excomunión y la iregularidad para recibir un Orden Sagrado,* dans *Christus,* 1967, 534.

[127] F. J. Connell, *Women as Subjets of Holy Orders,* dans *American Ecclesiastical Review,* 1964, 191-192. - A. M. Carr, *Male Chauvinisme and the Priesthood,* dans *Homiletic and Pastoral Review,* 1974, 72-74.

[128] T. Cunningham, *Children of Mixed Marriages and the Impediment to Orders,* dans *Irish Ecclesiastical Record,* 1963, 42.

[129] G. C. Gallen, *Power of a Confessor to dispense from Canonical Irregularities,* dans *Australasian Clergy Record,* 1963, 135-140.

[130] S. Goyneche, *Canon 991 and the Postulated Superior,* dans *Commentarium pro Religiosis,* 1963, 193-195.

[131] J. Jounel, *Le nouveau rituel d'ordination,* dans *Maison Dieu,* 1969, 63-72.

DOCUMENTS

Ad Gentes, Décret du Concile Vatican II, AAS 58 (1966) 947-990.

Ad pascendum, Motu Proprio, 15 août 1972, AAS 64 (1972) 534-540.

Ad totam Ecclesiam, Directoire du secrétariat pour l'union des chrétiens, 14 mai 1967, AAS 59 (1967) 575-592.

Animarum studio, Motu Proprio, 16 décembre 1947, AAS 40 (1948) 17.

Apostolicam actuositatem, Décret du Concile Vatican II, AAS 58 (1966) 837-864.

Christus Dominus, Décret du Concile Vatican II, AAS 58 (1966) 673-696.

Commission pour l'interprétation des Décrets du Concile Vatican II, interprétation du 10 juillet 1970, AAS 62 (1970) 571; interprétation du 25 avril 1975, AAS 67 (1925) 358.

Cum admotae, Rescrit pontifical, 6 novembre 1964, AAS 59 (1967) 374-378.

De Episcoporum muneribus, Motu Proprio, 15 juin 1966, AAS 58 (1966) 467-471.

Déclaration du Souverain Pontife du 21 novembre 1964, *Osservatore Romano,* 4 décembre 1964.

De Institutione Lectorum et Acolytharum, de Admissione inter Candidatos ad Diaconatum et Presbyteratum, de sacro Caelibatu amplectendo, Vatican 1972.

De Ordinatione Diaconi, Presbyteri et Episcopi, Vatican 1968.

De sacra communione et de Cultu mysterii eucharistici extra Missam, Vatican 1973.

Divinae Consortium naturae, Constitution, 15 août 1971, AAS 63 (1971) 657-664 .

Dum canonicarum legum, Décret de la S. Congrégation pour les religieux et les instituts séculiers, 8 décembre 1970, AAS 63 (1971) 318-319.

Ecclesiae Sanctae, Motu Proprio, 6 août 1966, AAS 58 (1966) 757-787.

Episcopatus potestas, Motu Proprio, 2 mai 1967, AAS 59 (1967) 385-390.

Eucharisticum mysterium, Instruction de la S. Congrégation des Rites, 25 mai 1967, AAS 59 (1969) 539-573.

Firma in traditione, Motu Proprio, 30 juin 1974, AAS 66 (1974) 308-311.

Immensae caritatis, Instruction de la S. Congrégation pour la discipline des sacrements, 29 janvier 1973, AAS 65 (1973) 264.

Institutio generalis Missalis Romani, Décret de la S. Congrégation pour le culte divin, 26 mars 1970, AAS 62 (1970) 554.

Integrae servandae, Motu Proprio, 7 décembre 1965, AAS 57 (1965) 952-955.

Inter oecumenici, Instruction de la S. Congrégation des rites, 26 septembre 1964, AAS 56 (1964) 877-900.

Liturgicae instaurationis, Instruction de la S. Congrégation pour le culte divin, 5 septembre 1970, AAS 62 (1970) 692-704.

Lumen Gentium, Constitution du Concile Vatican II, AAS 57 (1965) 5-67.

Ministeria quaedam, Motu Proprio, 15 août 1972, AAS 64 (1972) 529-534.

Missalis Romanus, Vatican 1969.

Musicam sacram, Instruction de la S. Congrégation des rites, 5 mars 1967, AAS 59 (1967) 300-320.

Optatam totius, Décret du Concile Vatican II, AAS 58 (1966) 713-727.

Ordo baptismi parvulorum, Vatican 1973.

Ordo Confirmationis, Vatican 1973.

Ordo initiationis christianae adultorum, Vatican 1972.

Ordo Missae, Vatican 1965.

Ordo ordinationis, Vatican 1972.

Ordo Paenitentiae, Vatican 1973.

Ordo Unctionis infirmorum eorumque pastoralis curae, Vatican 1972.

Orientalium Ecclesiarum, Décret du Concile Vatican II, AAS 57 (1965) 76-85.

Pastorale munus, Motu Proprio, 30 novembre 1963, AAS 56 (1964) 6-12.

Paenitemini, Constitution, 17 février 1966, AAS 58 (1966) 366-406.

Peculiare ius, Motu Propprio, 8 février 1966, AAS 58 (1966) 119-122.

Pientissima Mater Ecclesia, Décret de la S. Congrégation des rites, 4 mars 1965, AAS 57 (1965) 409.

Pontificalis Romani, Constitution, 19 juin 1968, AAS 60 (1968) 369-373.

Presbyterorum Ordinis, Décret du Concile Vatican II, AAS 58 (1966) 991-1024.

Reconciliationi inter Deum, Décret de la S. Congrégation pour le culte divin, 2 décembre 1973, AAS 66 (1974) 172-173.

Regimini Ecclesiae universae, Constitution, 15 août 1967, AAS 59 (1967) 885-928.

Renovationis causam, Instruction de la S. Congrégation pour les religieux et les instituts séculiers, 6 janvier 1969, AAS 61 (1969) 103-120.

Romani Pontifices, Décret de la S. Congrégation pour les évêques, 6 décembre 1969, AAS 62 (1970) 120-122.

Sacramentali Communione, Instruction de la S. Congrégation pour le culte divin, 26 juin 1970, AAS 62 (1970) 664-667.

Sacramentum Paenitentiae, Normes de la S. Congrégation pour la doctrine de la Foi, 16 juin 1972, AAS 63 (1972) 510-514.

Sacram Unctionem Infirmorum, Constitution, 30 novembre 1972, AAS 65 (1973) 5-9.

S. Congrégation du Concile, déclaration du 24 février 1967, AAS 59 (1967) 229-230.

S. Congrégation du Concile, lettre du 18 avril 1966, dans *Notitiae* 2 (1966) 330.

S. Congrégation du S. Office, résponse du 15 novembre 1941, dans *Monitor ecclesiasticus* 54 (1942) 114-115.

S. Congrégation pour les religieux et les instituts séculiers, lettre du 12 octobre 1970.

Sacrosanctum Concilium, Constitution du Concile Vatican II, AAS 56 (1964) 97-134.

Sacrum Diaconatus ordinem, Motu Proprio, 15 juin 1967, AAS 59 (1967) 697-794.

Secrétariat pour l'unité des chrétiens, note du 17 octobre 1973, AAS 65 (1973) 616-619.

Suburbicariis sedibus, Motu Proprio, 15 avril 1962, AAS 54 (1962) 253-255.

Tres ab hinc annos, Instruction de la S. Congrégation des rites, 4 mai 1967, AAS 59 (1967) 442-448.

TABLE ALPHABÉTIQUE

(Les chiffres renvoient aux canons du Code de droit canonique)

(Les chiffres renvoient aux canons du Code de droit canonique)

(Les chiffres renvoient aux canons du Code de droit canonique)

(Les chiffres renvoient aux canons du Code de droit canonique)

(Les chiffres renvoient aux canons du Code de droit canonique)

(Les chiffres renvoient aux canons du Code de droit canonique)

(Les chiffres renvoient aux canons du Code de droit canonique)

(Les chiffres renvoient aux canons du Code de droit canonique)

(Les chiffres renvoient aux canons du Code de droit canonique)

(*Les chiffres renvoient aux canons du Code de droit canonique*)